JN408733

참 괜찮은 여자

문학공원 시선 97

참 괜찮은 여자

이태순 시집

문학공원

自書

하얀 함박눈처럼
소복소복 쌓여오는 가슴 벅찬 감동
너를 위한 내 마음의 판타지
절대적인 사랑의 입맞춤

너는 나를 나는 너를
세상이 우리를 갈라놓을 때까지
아무것과도 비교할 수 없는 진심으로
피 끓는 생명을 주리라

행복은 내 마음 속에서 항시
너를 위해
세 잎 클로버의 사랑의 서사시를 쓰리라
생명의 그날까지

2015년 여름

이 태 순

차 례

1부

로드뷰처럼

2부

해빙의 축가

차 례

3부

내가 선택한 길

차 례

4부

보랏빛 내일

1부.
로드뷰처럼

밥을 지으며

밥을 짓는다
오늘도 나는 눈만 뜨면 밥을 짓는다
물 반, 쌀 반으로 밥을 짓는다
내 몸이 온통 물 반, 살 반이듯이
인생의 1/3은 친정엄마가 해준 밥
그 다음 엄마 며느리 올케 밥으로
손끝에 물 하나 안 묻히고 시집와
식모라고 있었지만 시집살이 어디 그리 만만 하랴
물 반 쌀 반이면 될 것을
가늠 못 한 밥물 땜시
고두밥 삼층밥 진밥 죽밥 종류대로 다해 봤네
시집와 40년 동안 시어른 내 새끼 조석으로 하다 보니
도사 아닌 밥 도사가 되었구나
어느덧 나도 시엄니 되어
배꽃처럼 예쁜 새아가 얻어 물 반 쌀 반 하랬더니
어쩜 그리 영특도 하지
밥물도 딱, 간도 딱
갈비찜, 잡채 레시피대로 딱이로구나

새치

하늘은 맑고
일요일 다음에 월요일 오전 10시다
실버들의 해방구
주민센터 노래교실 수업이 있는 날이다
목청껏 스트레스를 날린다
40년 동안 시엄니 모시며 눌린 새가슴 힘껏 펴본다
할머니들의 합창이
행복한 리듬을 타고 소녀 시절로 돌아간다
서방님 춘향아
싸이의 강남스타일
말춤에 고삐를 돌리며
새치가 흔들린다

검은 새치는 몽땅 헛것이지
백발들이 흔들린다
그러나 마음은 불멸의 16세
젖은 풀잎에 이슬 같은 인생이다

헌 세월

흰 머리는 언제 생길까
염색은 몇 살부터일까
팔뚝에 검버섯은 언제 생길까
다달이 하던 행사도 없어지고
예순이 지나니 눈도 침침해
넘어지면 부러지네
마음은 자고 나면 새 날인데
세월은 자고 나면 헌 날이 되네
나무는 천 년을 살고
사람은 백수를 사네

하루살이는 하루에 절명이구나
하루만에 결혼하고
짝짓기하고 알 낳고 죽음까지
하루에 일생을 산다는데 얼마나 바쁘랴
하루의 일생을 보람되게 끝맺는구나
어리석은 인간, 누가 더 길고 짧다고 하더냐
길고 짧은 게 대수냐
이래도 한 세상 저래도 한 세월
가는 건 매한가지 아니더냐

죽은 나무에 사는 나무

바람도 선선한 날 오후였네
이웃 아파트에 칠일장이 섰나 하고
느린 걸음으로 산책하러 갔네
요일을 잘못 짚어 허탕을 쳤네
맥문동 보라꽃이 흐드러지게 핀 화단에
죽은 고목이 상이용사처럼 잘린 팔다리로 우뚝 서 있네
아, 능소화 줄기가 초록빛 생기를 띠고
죽은 나무 꼭대기까지 친친 감으며 주황색 붉은 꽃을 피웠네
죽은 자들이 이루어 놓은 문명의 이기利器들을
코카콜라 빨대처럼 달콤하게 빨던 신세대
이제금 생각하니 가슴에서 뜨거운 불덩어리가 코로 밀려오네
집에 오는 길에 널려져 있는 물상物像들
얼마나 더 오래 전의 조상으로부터
선조들은 갈고 닦아 빛나는 오늘을 이루었나
능소화 덩굴처럼 죽은 나무에 꽃을 피우기 위해
죽으면 썩어질 손과 발이 뭐이 아까웠어라

너도 부처 나도 부처

함께 평생 살아오면서
노랑 저고리 빨강 치마 입을 때부터
당신을 사랑하면서
돌아서 가는 뒷모습만 봐도 가슴설레며
쿵덕쿵덕거리던 시절도 있었다
세월은 그렇듯 흘러
한평생 배려만 했노라 했는데
배려는 멀고 이해만 바라는
양보 없는 아집은 서로를 멀게만 하네
만만한 게 하나도 없는 세상
자식도 머리가 크니 지가 옳다 하네
칠순이 다 되어서야 부처가 되어
나를 죽이는 길만이 평화라는
자괴自愧의 늪에 나를 응축凝縮한다

혼돈混沌

파도도 없는 심해에서
끓어오르는 회오리
용광로처럼 속으로 뜨겁게 삭이며
꿈틀거린다
소통의 단절인가
외면과 상관없이
판단이 보류된 미로 속을 헤맨다
아, 어느 순간
여름날 소나기 뒤의 무지개가
심연深淵의 혼돈混沌을 잠재우리라

헐

헐
세상이 온통 펭귄처럼 한 방향이네
전철에선
젊은이들이 모조리 스마트폰만 보고 있네
노약자석의 노인들만 멍하니 앞만 보네
대화가 단절된 아파트도
이웃과 단절된 배타적 공간이네

옛날엔 조부모 모시고
삼대 사대 우글우글거렸네
칠팔 남매에 조카 다섯까지 북적북적
토 안 달고 웃어른을 존경하며
살던 그 시절이 간절하네
집 안에서도
아빠는 티브이 엄마는 컴퓨터 아이들은 게임
젊은이와 노인들의 생각도
각자 물과 기름처럼
너는 너 나는 나다
헐

로드뷰처럼

경북 달성군 논공면 삼리동 87번지
이것이 나의 본적이며 내 고향집이다
로드뷰를 클릭해 내 고향 주소를 검색한다
김장철이라 마당 한가운데 절인 배추가 한 광주리 클로즈업된다
배추 옆에는 돌아가신 둘째오빠가 생시인 듯 걸상에 앉아서
앞산을 보는 옆모습이 가슴을 아리게 한다
한낮 꿈속의 로드뷰처럼 이승과 저승을 오갈 수 있다면
아버지를 한 번 더 보고 싶다
시골 오빠가 그리워 눈물난다
부서진 늑골 가득히 골육의 그리움은
진한 핏빛 강물 되어 흐른다
로드뷰를 클릭하듯
저승의 골육들을 맘대로 볼 수 있다면

빈도화지

오늘같이 하늘 높이 뭉게구름 뜬 날
파란하늘을 캡처해 도화지 크기로 자른다
심심하고 옆구리 시린 날
꿍쳐둔 도화지 꺼내 놓고 부드러운 색연필로 낙서를 한다
빨강 노랑 파랑 예쁜 색으로 그리운 임을 그릴까
향 그윽한 장미원을 그릴까
산정 호숫가에 앉아 물안개를 그려 볼까
바다 밑에서 수천만 년 풍화작용에 닳고 닳은
천하절경 장가계 십리화랑이나 펼쳐볼까
융프라우산맥 얼음동굴을 설국열차 타고 나와서
눈부신 설경 사이로 스키를 타볼까
고향 집 우물 속에 비친 청명한 하늘에
넋을 놓고 빠지고 싶은 충동이 인다

브레이크를 밟으면

오늘은 세상살이 타령이나 한번 해보자
컴퓨터 회로 같이 복잡해진 머릿속
우골右骨이 당겨 목덜미를 타고 전류가 흐르네
생각이 정리되지 않지만
적색등 신호에 브레이크를 밟고 있지만
파랑불로 바뀌면 나는 어디론가 출발해야 한다
멈출 수 없는 강풍이 지나가듯
달콤한 봄날의 미풍에 미끄러지듯
오늘도 세월은 당연히 흘러간다
내 살점을 나눈 피붙이도
칡뿌리처럼 얽인 수많은 인연들도
언젠가는 내가 밟는 브레이크
정지선에서 떠나야 할 필연이다

하나의 詩알이 모여

놓칠까 잃을까
조심스레 메모장에 넣어둔 詩 알 하나

오늘도 요리조리 다듬고
조금만 살을 붙여 다시 숨겨둔다

손에도 잡히지 않는
좁쌀처럼 작은 것

행여나 흘려버릴까
잊어버릴까

점토 살 붙여
애간장 끓여 만든

내 사랑
나의 분신이여

때를 민다

이중창으로 닫은 방
자고 나면 쌓이는 먼지들
그제 밀은 팔꿈치에
에구머니나 속절없이 때가 밀린다
코에 산소호흡기를 단 눈도 뜰 수 없는
죄 없는 영혼들도 오늘을 산 죄를 짓는다
영혼이 없는 개가
무슨 죄를 지을 수 있을까
잔인한 사월 꽃샘바람에도 만개한 개나리
피어보지도 못한 목련 꽃잎이
우수수 낙화하여 물결 따라 흔들린다
밤하늘 가득히 은사금사 꽃초롱 수놓은
봄의 화신 벚꽃들도 언 채로 멈췄다
화창한 봄날에 때 아닌 눈송이 내려
죄 없이 냉동 박제된 빨주노초 영혼 없는 얼음꽃들

오늘도 너와 내가
때를 미는 이유다

오늘 저녁 詩 한 수 쓰고 싶다

추적추적 장맛비가 소리 없이 내린다
내 맘속에 맺힌 한도 없는데
망울진 맘속에 든 시詩 한 줄은 토해야 할 것 같다
내일이 고희인데 맨날 아이처럼
엄마도 아빠도 보고 싶네
내 딸이 사십 줄인데
손녀가 둘이나 있는 할미가
철없이 이유도 없이 울고 싶은 밤이다
몸과 맘이 같이 늙으면 좋으련만
육신은 고희古稀가 낼인데
불노不老의 내 마음은 언제나 오십 년 전 소녀
남편의 마음은 칠순노인
내 마음은 세월을 역행하는 각주구검刻舟求劍
미련 없이 사랑도 미움도 세월 따라
흐르는 강물에 부표처럼 띄워버리리

까마귀 고기

코끝에 단내가 진동한다
그래도 뉘 집에 맛있는 냄새인가
아주 진국 냄새가 나도 남의 일로 생각했다
한참을 지나 낡은 형광등 불 들어오면
'아차' 이거 난리났네
내가 가스레인지 위에 올려둔 홍삼탕이 타네
물 한 공기 부어두고
다시 TV 앞에만 앉으면
까마귀 고기를 먹었나 또 탄다
홍삼탕이 국물 하나 없는 숯검뎅이가 되었구나
다시는 안 태워야지 해도
세월은 다람쥐 쳇바퀴 돌 듯
무심히 흘러가는 뜬구름 같아라

그릇 하나

덩그러니 그릇 하나
주인이 난 줄을 미처 몰랐네
늦었지만 이제라도
꽃을 한가득 담아볼까
예쁜 맘 예쁜 글 가득 담아볼까
한평생 귀한 줄도 모르고
여기저기 퍼주느라 너무 험하게 굴렸다
때 묻고 긁혀 찾는 이도 없네

오늘은 씻고 닦고 반짝반짝 광내어
나를 위한 차 한 잔 준비해야지

흔적

이 세상에 태어나
수많은 점 같은 인연의 흔적들이
가슴에 알알이 맺혀
내 인생의 커다란 풍경화를 그린다
별똥별 같은 불티를 날리며
단번에 너를 선택한 나의 열정
분명 첨엔 사랑인데
세월과 풍파에 빛바랜 창호지처럼
사랑인지 미움인지 아리송한 희미한 기억들
이젠 너무 늦었지
풀잎에 맺힌 아침 이슬같이
잎새 이는 바람에 사라질 운명이지만
너 없이 존재의 이유를 다시 찾을 수 없는
너는 내가 세상에 살다간
유일한 흔적이지

가시고기 아비사랑

아들아 엄마가 너를 열 달의 사랑으로
할머니가 황금덩이 건진 태몽에
아비가 사온 잉어처럼 훤한 아들 낳으려고
엄마는 뜨물 같은 진국으로 달여 먹었지
아들아, 세상에 아비가 다 자식을 사랑하지만
네 아버지의 유별한 사랑을 너는 아니
새끼에게 사력死力으로 자기 살을 하나도 없이
먹이로 내준 가시고기 눈물 나는 부정이
네 아비의 헌신적 사랑과 다를 게 무엇이냐
아들아
한평생 치열하게 벌어서 너를 위해 산
아비의 인생을 네가 반절이나 알고 있니
아들아 아비가 죽고 나서 그때서야 슬프다 통곡마라
너도 가시고기 아비가 되면 그때서야 알겠지

꿀물

한여름 수많은 일벌들의 노동을 마신다
그렇게도 많은 꽃들 사이로 헤집고 다닌
너의 날개를 마신다
세상에 태어나 모래알보다 많은 사람 중에
너와 내가 만남이 필연인지 우연인지
같은 둥지에 살면서도 가슴 떨리고
새벽녘 꿈결에 피어오르는 물안개처럼
한낮에 끓어오르는 아지랑이 같이 사랑한 그대
신을 사랑하는 마음으로 그대를 사랑한다
인생 최고의 정점에서 그대를 사랑한다
여름정원은 우리들을 위한 축제의 한마당이다
벌들의 행진에 꽃들의 찬가가 울려퍼진다
옆에 있어도 그리움에 벅차오르던 그대여
아카펠라의 고점에서 당신을 향한 꽉 찬 벌통
수 천 년 변치 않는 꿀맛 같은 충만함으로
작열하는 태양의 모습으로 그대를 사랑합니다

내가 처음인 길

나는 너의 길을 처음 가지만
너도 내가 처음의 길이었으면 좋겠다
라일락 향기 그윽하고
풀내음이 진동하는 깊은 숲 속에서
몇 마리 산새들의 영혼에 교감하는 속삭임
햇살이 화살촉처럼 내리 꽂히는
아스라이 비치는 좁아져 버린 길이여
흔적 없이 멀어져 간
추억 속에 잃어버린 구슬들일랑
어느 옹달샘 앞에 흘려 두고
찾아 나설 길을 망각하였구나
다시 갈 수도 없는 그 길은 그냥 두고
붉은 태양을 머금은 영롱한 아침 이슬이
산소 같은 풀잎 위에서 비상을 준비하는 길섶
아무도 가보지 못한 그길
내가 처음인 그 길로 시곗바늘 같이
나도 모르게 내 길로 가고 있다

낮은 곳으로 시작

물레방아 되돌아 올라와 돌고 돈다
세월이 간다 하지만 다시 봄은 온다
사방에 흐드러진 민들레 홀씨 날아서
보도블록 틈새라도 기어이 뿌리를 박는구나
아이는 커서 어른이 되고
내가 뱉은 말도 부메랑되어 비수로 되돌아오네

우리네 인생도 죽고 사는 게 끝이 아니다
진실은 언제나 낮은 곳으로 시작이다

그저 그래

해가 길어졌다 짧아졌다 하다가
또 365일이 지나간다
강추위가 엊그제구만
춘란과 히아신스 향기가 진동하는 봄날 툇마루에
몽올몽올 열다섯 송이 군자란이 하늘 높이 꽃대를 올린다
꽃씨 심으면 피고 지고 가을 겨울 오듯이
남편도 오늘은 미웠다 내일은 예뻤다 하네
소싯적엔 빨리 어른이 되고 싶었는데
이제 고희를 바라보니 살날이 얼마인가?
울 엄마도 그랬을까
산다는 것이 그저 그래
시부모 남편 자식에 헌신하며
아낌없이 살아온 일평생
염색 머리는 검은 새치
이내 마음은 철없이 순백의 문학소녀
지난 세월 일장춘몽이면 다시 한세상 살아보련만

산다는 건 그저 그래
이렇게 그냥 죽는다는 건
더 그저 그래

천형天刑

세상에 죄인이 감방에 가 형벌을 받듯이
죄 없이 암에 걸린 자는 무슨 형벌인가?
죄 없이 병들어 살갗을 도려내는 아픔
물 한 모금 넘기지 못하고 내장이 이미 썩어버린
천형天刑이 따로 없지 그 고통을 누가 알겠는가?
심장도 없이 태어 난 리암 킹 그 아이는
또 무슨 죄란 말이냐?
오, 주여! 믿지도 않는 하나님을 원망한다
에이즈 환자가 죄의식 없이 병균을 옮기 듯
지하철에서 이유 없이 등을 철길로 밀어
묻지마 살인을 하는 이는 정신병자일까
군대에서 상사 동료를 향해
무차별 사격 사살한 그는 왜지?
아마 식수에 비상을 넣는 악마가 왔을 거야
그 옛날 문둥병에 걸려 소록도로 끌려갈 때
그들은 이미 사람대접을 못 받았지
어족漁族에게도 죄송한 썩은 육신
천형天刑의 시인 한하운은 파랑새 되어
푸른 하늘 푸른 들로 날아갔을까

발가락에게

오늘 요가시간
숨을 들이 쉬고 내쉬고
발을 잡고 흔들다가 발가락과 손가락 지들끼리
굳게 깍지를 끼고 세게도 흔드네

그래, 나를 지탱해준 소중한 발가락아 미안해
이 육중한 몸을 한평생 맡기며
한 번도 고마운 줄도 모르고
내가 너무나 무심한 주인이었구나

손은 로션이라도 맨날 발랐지만
발은 물이나 뿌렸지
무심코 발가락과 손가락 지들끼리
서로를 알아보고 악수를 하며 흔든다

한 번도 사랑한다
말도 안 해본 주인이 사과한다
발가락아 그동안 미안했다
앞으로 더욱 사랑해줄게

2부.
해빙의 축가

봄을 기다리는 마음

인고의 세월은 쳇바퀴 돌아 나이테를 잉태하였느냐
겨우내 밤낮으로 동면에 든 불곰은
소설 바람에 기지개를 켜네
꽁꽁 언 산속 개울물이 어느새 녹아
새소리와 합창을 하네
찬바람에도 예쁜 네 모습 보여준 진홍빛 동백꽃
간밤 힘든 작업 끝에 얼굴을 내민 은빛 버들강아지
자목련 아가씨에 뒤질세라
미끈한 백목련 아씨가 나를 반기네
남녘에서 온 봄바람은 님의 소식인가
노랗게 긴 머리 늘어뜨린 개나리
행여나 정이월 밤새 얼어터질 꽃샘추위가
너의 아리따운 자태 시샘할까 두렵구나
해마다 너를 기다리는 내 마음은
아침 햇살에 반짝이는 이슬이란다

해빙의 축가

겨우내 땅속에서 비상을 준비하던 너희들
뽀송뽀송 예쁜 솜털 뒤집어쓰고
어느 들 어느 심산 깊은 곳에서
아무도 보지 않아도
소롯이 피어오를 노루귀 새순
샛노란 복수초는
그 어느 야산에서 향기 없이 피어날거나
봄은 소리 없이 와
언제나처럼 내 집 앞 창문에서 손짓하고
거리엔 가로수
연둣빛 플라타너스는 찬란한 여름날을 위해
햇볕 가득 머금고 있다
봄이 오면 여름이 가까웁듯
가을이 와 짓밟힌 낙엽진 단풍들
도로마다 지천으로 깔린 초라한 단풍들이
우루루 바람에 먼 길 가면
겨울은 또 그리 오리라
산골짜기 개울물은 졸졸졸
해빙의 축가를 부르리

봄봄

언 땅 속에서
한시도 멈추지 않은 용트림
연둣빛 풀내음 물씬 풍기는 봄

붙은 발가락이 터질 정도로
쉼 없이 물속에서 발길질하는
봄을 닮은 오리 떼

시냇가 길섶엔 쑥향 그득하고
산골 얼음 땅 위 생채기 하나 없이
활짝 핀 노란 복수초가 하늘로 고개를 든다

분홍 하양 뽀송뽀송한 솜털
할미꽃처럼 다소곳이 고개 숙인 노루귀
새하얀 바람꽃과 더불어 찬란한 봄을 알린다

친구야 4월에는

잎도 올라오지 않은 이른 4월엔
열대의 보랏빛 신비한 자카란다 가로수 아래로 산책하고 싶네
친구야 꽃피는 4월에는
마음에 녹슨 언어들을 하늬바람에 모두 쓸어버려라
세찬 바람 해풍에도 인고의 겨울을 이겨낸
동백꽃 홍매화 개나리 만개한
남녘동네의 아로마 향내 나는 길을 걷고 싶네
다홍색 한지처럼 얇사한 종이장미 너울대는
필리핀 세브의 그 바닷가가 그립네
오늘 떠오른 찬란한 태양은
어제 네가 태어난 그날의 태양이지
친구야 우리 숨 쉬는 날까지
어두운 곳은 보지 말고
눈이 부셔 볼 수도 없는 태양일지라도
빛이 있는 곳만을 바라보며
우리 서로 사랑하는 마음으로 살자

봄은 꽃바람되어 향기로 흩어지네

겨우내 꽁꽁 언 계곡에 얼음 녹는 소리가
들릴 듯 말듯 졸졸 흘러가네
경칩에 바위 밑에서 튀어나온 개구리는 어딜 갔나
인적 없는 산비탈
아직도 녹지 않은 잔설 위로 고개 내민 노란 복수초
사냥꾼에 쫓기던 한 많은 노루귀의 하양 꽃 분홍 꽃
진달래 개나리꽃 피기도 전에
때 아닌 춘설에 얼어버릴까 봐
이내 가슴 아프네

봄은 생명의 축제
새소리 투명하고 지평선 아지랑이 피고
잡초 같은 민들레도 노랑꽃을 피우네
보이지 않는 청둥오리의 물밑 발길질은
쉼 없는 움직임으로 우리를 반기네

백목련 자색 목련 피어나면 영산홍도 색색이 피어나겠지
결혼식 들러리 아이들이 꽃가루를 뿌리듯이
흐드러진 하얀 벚꽃이 눈발처럼 휘날릴 땐
봄은 꽃바람 되어 사방으로 흩어지네

춘사월春四月

맑은 하늘에 눈발이 휘날린다
갓 돋아난 새순과
피어보지도 못한 꽃망울이 다칠까
가슴 졸린 나날들이 흩날린다
그러나 봄은 어느새 소리 없이 다가와
산천은 온통 울긋불긋하다
눈 올세라 비 올세라 바람 불세라
헛걱정만 하였다

봄비 오는 소리에
가만가만 땅속 새순 아가들의
까치발 들고 마빡 디미는
새 생명의 찬가에 귀기울여본다

7월의 비

7월의 어느 날이었다
쏟아지는 비는 땅속 깊이 스며든다

칠순이 임박한 나이에
비를 맞으며 소녀적 감상에 젖어본다

비는 흔들리는 내 인생 같이
실버들 나뭇가지처럼 바람에 날린다

잎은 떨어져 커다란 구둣발에 밟혀
젖은 구두바닥에 눌려 떨어지도 않네

젖은 잎은 바람은 흔적 없이 흩어지네
초록 잎에 떨어지는 꿈을 먹고 싶다

아 꿈이런가
별처럼 영롱한 이슬처럼

초록색 잎새 위에서 방울지며
영원한 젊은 영혼으로 남고 싶어라

7월의 장맛비

장맛비가 시도 때도 없이
질척거리며 내리네
할 일 없이 노트북만 보고 있네
엄지검지로 스마트폰을 비벼대는 이삼십대
환갑을 지난 노인네들은 이방인
구형 폰이 사라지는 날 칠팔십대도
엄지 검지로 스마트폰을 터치하는 날이 도래할까
장맛비는 소풍도 안 가나
습기 찬 일상에 마음마저 우울하네

뽀송뽀송한 마른장마도 있다는데
그땐 이 비가 다시 그리울까

8월 중순

아침엔 덥다고 목에 땀띠가 나더니
새벽 찬 바람에 민소매 팔뚝이 시리네
조석으로 변하는 걸 보니
이젠 여름도 끝물이구나
아파트 수로를 따라
시끄럽게 울던 청개구리도
고층아파트를 진동을 시키며
정원수에 매달려 울던 매미도
온데간데없이 사라졌네
살갗을 뚫던 흡혈모기도
찬바람에 날려 가버렸나

여름이 가면 당연히 가을이 오는 걸
빨간 고추잠자리가 날갯짓하네

9월 마중

가마솥더위로 지루하던 여름
대지는 찬바람을 몰고 오네
샘물 같이 파란 하늘이 그리워
나는 마중물 되어 구월의 님 마중가네
춘삼월 첫정에 피던 꽃들이
흐드러진 여름꽃에 밀려 파노라마처럼 사라져가고
구월은 신록의 초록을
한 폭의 수채화로 붉은 석양처럼 채색하네
어느새 가을 가고
시나브로 겨울이 오면
신神은 새 화선지 위에
산천을 온통 순백의 첫사랑으로
새하얀 보자기 흰 눈송이로
추억의 지난 사계四季를 소리 없이 보쌈할 테지

무궁화 피던 교정

오십여 년 전
내가 다니던 초등학교 담벼락에는
하양 분홍 무궁화 꽃이 철이면 철마다 피어나
아이들의 애국심을 심고 있었다

그 시절 함께 뛰놀던 동무들이 보고 싶네
지금은 모두 할매 할배가 되었겠지
보고 싶은 동무들아
우리 꿈속에서라도 만나면
그때처럼 땅따먹기 제기차기 고무줄놀이 하자
고무줄 끊고 아이스께기하는 개구쟁이도 여전히 있을 거야

내 짝꿍 얼굴도 잊었지만
하양 분홍 무궁화 피어있는 그 교정이 그립다

질경이

처음엔 풋사과 향처럼
상큼하고 신선했다

금방 부서질 듯
풍파에 변절한 모습들

끊어지지 않는
쇠심줄같이 질긴 인연

아무리
버둥거려도 그냥 그 자리

필연인가 숙명인가
고랑쇠같이 얽힌 너와 나

천상의 꽃 능소화

하늘을 우러러 임에게 진혼곡을 울린다
천상의 꽃, 주황색 사랑의 맹세
내 님과의 추억이라

400년 전 안동 어느 이의 혼백
꽃피지 않은 계절에 돌아가신 임
행여나 자신을 몰라볼까
임의 무덤가에 천상의 능소화를 심었네
임과의 하룻밤 인연
하루만 피고만 절개 칼같이 끊어질세라
오늘도 한 송이 내일도 한 송이

똑 똑 똑
하늘 눈물 강이어라
못다 피운 임과의 사랑
장원급제 어사화로 환생했네

꽃무릇

선운사 도솔천 따라 잎도 없이 핀 꽃
가슴에 맺힌 핏빛 그리움이 꽃으로 피었나
이룰 수 없는 애절한 사랑은 더욱 큰 사랑
도솔천에 반영된 붉은 꽃무릇
천국으로 비상하는 황홀한 낙원이다
임의 마음 얻으려고
애끓는 사랑 하늘에 닿게
무리지어 지천으로 핀 정열의 꽃

슬픔이 깊으면 애증도 깊어
붉게 핀 서러움이 핏방울로 각혈하면
재가 돼 흔적 없이 날아가리
그때서야 그리운 내님 오시려나

10월의 노래

시월이 가는 마지막 날
벌써 홀랑 벗어버린 나목 옆에
햇살 담은 붉은 단풍나무는 더욱 곱다
그 단풍나무 밑 평상 위에 누워
단풍진 얼굴로 하늘을 우러러 본다
어찌 이리도 곱고 아름다운가?
눈부신 태양 아래 네 수맥조차 선명하고나
비록 생기가 차단된 마른 잎이지만
나도 너처럼 그리 아름답게 늙어갈 수 있을까

수평선 바다
하늘은 온통 물든 노을빛
내 손등의 불거진 힘줄 같이
구순 시엄니 목울대처럼 숨길 수 없는 가을이
단풍나무 잎 위로 지나간다

노랑저고리 빨강치마 입고

수줍은 새색시마냥 가을이 가고 있다
노랑 은행잎 저고리에 빨강 단풍나무 치마를 입고 가네
하얀 겨울 낭군님이라도 맞으러 가나
찬바람에 나목은 부끄럽게 옷도 없이 서 있네
나도 간다 세월 따라 단풍색 옷 입고
은빛머리 황금 빛 노을에
마지막 석양에 금발이 물결치네
갈 사람 떠난 제2라운드
인생 칠십에 더욱 보람찬 20년 연장전을 위하여
절대 포기 않고
재충전해 새 희망을 불사른다

세 잎 클로버의 행복

간당간당
오늘이 흔들거리며 가고 있네
아쉬워 붙잡아도
뒤도 안 돌아 보고 무심히 가고 있구나

한 번 가면 다시 못 올 줄을 알고나 있느냐
기쁜 일 슬픈 일 행복한 일
모두 머리에 이고 가네
아무리 무거워도 내려놓을 생각은 추호도 없나 봐

무지갯빛 아름다운 사랑도
가슴 아픈 생인손 상처 같은 아픔도
한 아름 추억되어
낙엽처럼 차곡차곡 가슴 깊이 쌓여만 가네

어느 날
책갈피에 끼워놓은
평범한 세 잎 클로버를 찾아내어
행복의 의미를 되새김질할 날 있으리라

바람이야

- 2010년 여름 우면산 수마에 희생된 넋을 위로하며

한 달 내내 그렇게도 질척이며 내리던 비
금년엔 북상하는 태풍과 더불어
소용돌이에 역류하는 바닷가
불공드리는 암자의 불자들
봉사 나온 대학 신입생들이 잠든 산 밑 펜션에도
서민들 삶의 터전인 시장 상가
부자들이 사는 우면산 기슭까지
차가운 도심의 아파트마저
헐크 같은 물폭탄이 덮쳐버렸구나

쓰나미처럼 수마가 지나간
얼룩진 고통의 자리에 치유의 바람이 분다
톱니바퀴에 맞물린 세월의 이빨이 하나 둘 자리를 잡으면
살갗을 간질이는 시원한 바람이 분다
자연의 순리로 가슴 서늘하게 하는 고마운 바람이 분다
간사한 인간의 마음을 비웃 듯 으스스 찬 새벽
오늘도 사랑하는 당신의 이불깃을 가슴 높이 끌어올린다

장미원의 아침

간밤 다녀가신 고운 님 흔적에
짙은 향기에 이슬 머금고
태양신을 향한 그리움으로 소세를 하네
빨강 노랑 파랑 너희는 축제의 여신인가
눈부신 아가씨는 한여름 밤의 기다림
오늘은 내가 내일은 네가 님을 맞이하련가
어디선가 축제의 노랫소리 들리고
하나둘 피어나는 장미의 아침이여

어제 핀 노랑장미
비록 오늘 낙화하여도
긴긴 여름 새 생명의 꽃피움은
어찌 인간과 다르다 하오리까

바다는 지금도

네 안에 꿈틀거리는 칠흑 같은 어둠이
고요한 욕망을 감출 수 있을까
잠시도 쉬지 않고 내면 깊숙이
용의 형상으로 꿈틀 대고 있는 너
어느 날은 천사의 얼굴로
또는 악마로 변신해 무자비한 공격을 하지
태양은 작열하고 반짝이는 아침 이슬처럼
평온함이 안심케 하누나
자기를 사랑하지 않는 이 뉘 있으랴
행복이 그 속에 충만하고
평화와 아름다움의 극치로구나
그 누구도 흉내낼 수 없는 불멸의 아티스트여
아담과 이브 이전에도 넌 살아 꿈틀대고 있었지

바다여,
나는 너에게서 어머니를 그린다

폭염

비가 오기 전
그리도 맴맴거리던 매미는 어디로 갔나
캄캄한 땅속에 애벌레로 눈도 못 뜬 채
칠 년을 인고의 세월 끝에 부화한 너의 나날들은
어느새 4주가 일생같이 지나 소리조차 들을 수 없구나
비가 그친 뒤
태양은 양은 냄비처럼 화덕도 없이 지글지글하네
에어컨도 냉장고도 없던 시절
선조들은 어떤 피서를 하였을까
곪아 터진 왕땀띠가 난 옛 아이들은 얼마나 괴로웠으랴
얼음처럼 찬 등목 한 번에 피서가 따로 없네
찜통더위에 에어컨을 껐다 켰다
요즘 아이들 신선이 따로 없구나

나팔꽃

팡파르를 울려라
아침엔 꽃님이 몇이나 오셨나

빨강 보라 핑크
내가 사랑하는 님이여
어제는 둘 오늘은 셋
하루도 실망시키지 않고
진홍빛 팡파레를 울리네

해님이 뭐란다고
바쁘게도 비단 치마 휘감아
신데렐라같이 사라지는 너

가는 임 아쉬워
아침나절 내내 마음 졸이며
몇 번이고 숨어서 너를 훔쳐본다

여름날의 추억

엄마 아빠 따라
얼음 같은 냉천계곡으로 피서 가서
숲속 개울가에 수박 참외 띄워놓고
오 남매 오글오글 뛰놀던 어린 시절

엄마가 오빠 등목 밀며 샘물 한 바가지 끼얹자
입술이 새파랗게 질린 까까머리 어린 오빠가
'어푸어푸' 기절하던 소리가 아련하다

수돗물도 없던 시절
도심에서 외곽으로 버스를 타고
엄마는 빨래를 이고지고 방천가로 가서
종일 한 광목 홋이불 빨래를 솥단지 걸고
양잿물에 푹푹 삶아 방천물에 펼쳐가며 헹군다

염천 땡볕에 방천 위
자갈밭에 널어 말린 빨래가
종잇장처럼 바싹거리고 마르는 해질녘
엄마는 어린 날 데리고 집으로 간다

나는 소풍갔다 온 아이같이 신이 났지만
울 엄마는 얼마나 힘들었을까
여름이 가는 길목에서
한 장씩 추억의 앨범을 넘긴다

말복이 지나니
찬바람이 목덜미를 타고 스며든다
창밖에 내리는 비가
가을이 문 앞에 왔다고 바람결에 속삭인다

거지도 양식 걱정 없는
오곡백과가 풍성한 여름의 끝자락
온종일 질척거리던 비는
폭우가 되어 한밤중 유리창 때리며
여름내 창틀에 낀 먼지와
내 마음의 추억도 씻어 내린다

사계四季

짙푸른 녹음
매미소리 귀청을 울리던 여름은 가고
어느새 살갗 에이는 가을
바람 불면 낙엽이 우수수 천지에 휘날리네
미약한 비바람에 순간순간 함박눈같이
낙엽이 쏟아져내리네
태초에 신의 섭리로 우린 아담과 이브로
넌 꽃의 씨앗되어 번성하리
미풍에도 우수수 나무가 절반의 옷을 벗어도
찬바람에 앙상한 나목되어도
동지섣달
눈보라 찬 서리 칫바람 소리에도
흔들리지 않고 거기 그렇게 서 있으리
어느 봄날
씨앗 하나가 생명의 새싹이 되어
어둠의 땅 속에서 태양을 그리며 솟아오르리
그래서
날 닮은 아이와 널 닮은 꽃으로 피어나리

양력 추석날

만월이 중천中天에 올라와 천지를 밝히며 축복하던 추석날
미스코리아처럼 예쁜 내 딸이 태어났다
그 딸은 꽃봉오리처럼 예쁜 딸딸이 엄마가 되었네
평생 양력생일
제 생일도 못 얻어먹을까
걱정한 엄마마음이라는 걸 아려나
팔월 한가윗날엔 달님 같은 딸이 보고 싶다
추석 명절만 되면
덤으로 얻은 박사사위와 같이 딸이 온다
어김없이 사랑하는 두 손녀랑
손녀가 온다니 한 다리를 들고 반기는 할배
할매 마음도 자석보다 강한 힘으로 당긴다

한 이십 년 뒤 딸이 회갑回甲이되는 날
딸은 그때야 난생 처음으로
진짜 생일에 양력추석을 맞으리

낙엽의 궤적軌跡

바람 따라 뒹구는 낙엽을 밟으며
춤추는 가로수 길을 혼자 걷는다
스산한 찬 공기가
정수리를 전율하며 폐부를 찌른다
금방이라도 비바람을 몰고 올 것 같은 잿빛 하늘은
신작로 길을 따라 낙엽의 궤적軌跡을 헤메인다

산등성이 골짜기 아래로 흐르는 개울물에
손 담그고 드높게 파아란 하늘 우러른다
청잣빛 하늘에 두레박 던져
허전한 내 마음 채워 줄 영혼의 시어詩漁를 낚는다

개망초에게

나는 네가 꽃인 줄 몰랐어
크지도 않고 더구나 예쁘지도
눈에 띄는 색도 아니라서
나는 네가 꽃인 줄 몰랐어

오월 내 생일 달에
척박한 땅 잡초 우거진 곳에 뿌리를 내리며
보일 듯 말듯 안개꽃처럼
흐드러지게 들판을 수놓았지만
나 칠십 평생 동안 정녕
네가 꽃인 줄 미처 몰랐어
세상에 모래알보다 개미보다
많고 많은 미물 중에
나라고 누군가의 눈에 띄었겠느냐
내가 누군가에게 사랑받는 소중한 사람이고 싶듯이
넌들 어찌 예쁨 받고 싶지 않겠느냐
꽃 같지도 않은 개망초야
민들레보다 질긴 생명력으로
세상에 평범한 흔적을 남기며 치열하게
삶을 가꾸며 사는 너랑 나랑은 둘 다 꽃이야

동백꽃 피망울 같이

엄마를 생각하면
아직도 나는 세 살 아이가 된다
기억의 샘에서 파노라마처럼 펼쳐지는 지난 시절
어느새 나도 엄마 돌아가신 나이보다 넘쳤구나
엄마를 생각하면
나는야 항상 내 욕심만 앞세운
무엇 하나 잘 해드린 것도 없는 불효녀가 된다
철 없던 시절 후회의 회환이
나도야 엄마가 되고야 생각나는 바보다
내 딸의 효도 받으며
나는 왜 그랬을까
못다 해드린 아쉬움이 가슴에 맺혀
동백꽃 피망울 같이 내 가슴에 응어리 지네

아, 어느덧 나도 엄마 나이가 되어
엄마보다 더 늙고 반백이 되었네

세밑에 눈이 오네

자정 넘어 한밤중에
기척 없이 함박눈이 내리네
세상 온갖 먼지를 다 뒤집어쓰고도
어찌 이리도 순백할 수 있느냐
어제 저녁오신 내 님의 발자국도
흔적도 없이 지워버렸구나
비가 오면 9층 아파트까지 창문 흔드는 소리
주룩주룩 내리는 비는 내 마음을 아프게 하는데
너는 어찌 소리 없이 와
영산홍 곱게 피던 빈 가지에도
한여름 장렬히 산화한 사르비아에도
장미의 날 선 가시 위에도
목화 꽃송이를 피우구나
잎을 털어 버린 앙상한 단풍나무 위에도
말라 비틀려 떨고 있는 꽃 잔디 위에도
목화솜 이불처럼 쌓이고 쌓이네
고달픈 세상사
탈도 많은 세밑을 백옥같이 지워 버리네
아, 겨울 춥고 병든 사람들 마음도
네 속살같이 따사롭게 녹여 주려무나

3부.
내가 선택한 길

아버지여

아버지
얼마나 오랜만에 불러보는 이름인가
부르기만 해도
너무나 그립고 보고 싶네
오남매 막내딸이라
유난히도 귀애하신 그 사랑은
온돌방 아랫목보다 더 따뜻했다
말이 없는 엄마보다
자상한 아버지가 좋아
응석이란 응석은 다 부린 나는 막내딸
아버지 장삿날
못사는 자식이 더 제 서러움에 목이 맨다하지만
가없는 그 사랑이 끝날까봐 염치없이 통곡했다
이제 나도
돌아간 가신 엄마 나이가 되어
고희가 되어가는 머리엔 하얀 서리가 내렸지만
아직도 철딱서니 없는 내 마음
엄마는 내 나이에 무슨 생각을 했을까
아버지는 내 나이에 아니 그랬을까
어버지여

내겐 하늘 같은 아버지여
모르는 것은 사전같이 다 아는 울아버지
내 마음에 꺼지지 않는 영원한 촛불이여

꽃처럼 예쁜 며늘아기

달걀을 한 판 하고도 여덟 개나 더 먹은
노총각 아들이
어디에서 우렁각시처럼 예쁜
일곱 살이나 연하의 꽃띠 신부를 데려왔네
코스모스 줄지어 피는
춥도 덥도 않은 가을에 혼례를 하네
팔월 스무하룻날
어찌 그날을 잊을 수 있겠는가
배 안 아프고 낳은 수양딸같이 사랑스런 새아기
너와 나 고부 인연으로 이승에서 만나
대추 고아 만든 폐백닭 올리고
새색시 빨강치마 노랑저고리 입고 폐백 드리던 날
내가 처음 시어머니되어
실수로 폐백상의 대추 밤을 모두 땅에 흘렀지만
폐백인사 받은 시아버님 대추 밤 힘차게 던진 것이
새아기 혼례복에 한가득 골고루 담겼구나
무남독녀 외동딸로 귀하디 외롭게 자란 새아기야
네 치마 속의 밤대추처럼 아들딸 다복하게 낳고 행복해야 한다
어제보다 오늘보다 볼수록 사랑스럽구나 새아기야
이 시엄니는 네 손잡아 가며

세상사 법과 갖가지 요리법도 손수 알려줄게
너와 나의 인연이 골육으로 엉켜
불멸의 고부인연이 되었구나

당신을 사랑합니다

그때 그 시절
내 가슴 설레든 당신 모습은 간 곳 없고
고희의 아집으로 응어리진 당신이지만
당신을 사랑합니다

하루에도 몇 번씩
속으로 흉을 보지만
예전에 내가 사랑하든 당신은
돌아서는 뒷모습만 봐도
내 마음에 사랑으로 가득 넘쳐흘렀어요

생각하면 언제 적 사랑인가 아련하지만
그래도 그 시절 곱씹어 보면서
당신을 사랑합니다

밤하늘의 별 같이 무수한 세월은 가고
우리의 사랑은 퇴색했지만
미워하는 마음만큼
우리에겐 사랑하던 그 시절이 있었지요

내가 사랑한 사람은 오직 당신 하나
아닌 척 하지만 필연처럼 당신을 사랑합니다

내 사랑 언니야

잊은 듯 생각도 없이 살다가
길 가다가도 버스 속 차창에 어리듯
문득 파노라마처럼 펼쳐지는 가슴 짠한 언니야
언니 고운마음은 천사같아라
열 살 터울 이 막둥이 동생은 기억도 없지만
아마도 엄마 대신 업어서 키웠으리라
언니 없는 세상은 오늘도 거침없이 물레방아처럼 돌고 도네
아빠 엄마도 가고 큰오빠 둘째오빠도 가고
올케까지 몽땅 가고나니 세상에 고아가 따로 없네
내 사랑 언니야
눈만 감으면 만날 것 같은 거기에
나도 눈 한 번 감았다 뜨면 잠시나마 볼 수 있으려나?
까마득한 지평선 저 너머
코발트빛 경계 사이로 펼쳐지는 먼 옛날 영상들
구식 영사기가 돌아가다 끊어지다 이어지네
눈 한 번 깜빡하면 생사가 오락가락이라니
피 끓는 전율이 파도처럼 밀려 와
한 순간 햇살에 부서지네
아 그 시절이 그리운 언니야

인생무상人生無常

단발머리 소녀가
어느 세월에 고희古稀에 이르노니
그 긴 세월이 한갓 허상虛想이로다
십 년을 산다 해도 허무虛無요
십 년 후 저승엘 간다 해도
십 년이 일초광시一秒光時의 일장춘몽
더욱 무념무상無念無常이구나

외로움

추적추적 마음 속 깊은 곳에 겨울비가 온다
아무도 볼 수 없는 피안에서 눈물이 빗물되어 흘러내린다
어제의 무지갯빛 사연들이 꿈처럼 파노라마로 지나가고
사람 속에서도 가족 속에서도 외로움은 핏물처럼 번진다
내가 사랑한 사람은 진정 날 사랑했을까
겨울철 인적 없는 공원
마른 낙엽은 누군가의 구둣발에 밟혀
흔적 없이 찬바람에 날아가버린다
태양의 향한 꿈의 그리움은
언제나 파란하늘을 유영하네
인생은 그렇게 오색영롱한 무지개를 그리다가
떨어지기 싫어 매달리다 끝내 추락하고 마는가
나는 또 하나의 예쁜 물방을 만들기 위해
태양에 반사되고 달빛에 반짝이는
새벽이슬을 머금은 영롱한 하나의 물방울이고 싶다

내가 선택한 길

세상에는 하고 많은 길이 있다
내가 걸어온 길은 옳은 길일까
그때 그 길이 아닌 갈림길이 많았지
가보지 않은 그 길이 어떤 길일까
간혹 꿈처럼 그려본다
어떤 땐 길도 아닌 길을 되돌아 나오며
가시덤불을 가르며 간 길도 있었지
쉽지 않은 길에 성취감을 느끼며
내가 선택한 길이 최선이었다고
당신이 선택한 그 길에서
우리 서로 만나 한평생 고희에 이르렀네
오늘도 난 내가 가는 길옆에 꽃씨를 뿌리며
행복한 마음으로 길옆 잔가지를 치운다
내년에는 정녕 아름다운 오색 꽃길이 되리라

눈물이 난다

눈물이 난다
날마다 행복에 겨워서 눈물이 난다

슬픈 드라마를 본 바보처럼
하염없는 눈물이 주줄이 흐른다

어느 날 가족 속에서도
각자 다른 생각 차이로 외로워 울어버린다

눈물이 난다 울려고 안 했는데
커다란 하프가 된 몸이 저절로 나를 울린다

눈물이 난다
고희의 나이에도 핏줄이 그리워 운다

두 눈 가득 고인
뜻도 없는 눈물이 그칠 줄을 모른다

식은 사랑에 불을 지피며

이십 대부터 고희가 되도록
당신을 사랑하다 보니

가부장적이고 독선적인 당신 생각에
마음에 응어리진 생채기들

섭하고 외로운 심정 당신은 알까
표현 없는 사랑도 사랑이라지만

애증으로 얼룩진
식어버린 사랑도 사랑일까

사랑하기도 모자란 토막 남은여생
못해도 잘한다 좋다 추임새 넣어줄까봐

헤프게 끝맺고 싶지 않아
식은 사랑에 불을 지핀다

슬픈 아리랑

꽃미남 20세 대학생 시골조카는
학점도 없는 대학을 농땡이 치며 다녔다
마음잡으라고 사준 트랙터를 타고
논두렁 밭두렁 누비며 착한 아들 된지 한 달 만에
농로확장으로 푸석거리는 시골 길에서
무거운 트랙터가 뒤집혀 제 차에 깔려 죽었다
가슴에 한 맺혀 일중독이 돼 말을 상실한 오빠
49세의 한창 나이에 발가락 쪼끔 경운기에 찢어져
제 발로 병원에 걸어가 3일 만에 돌아가셨다
쇠독 파상풍균이 암보다 무섭구나
아들 죽은 지 1년 만에
노부모님 가슴 아플까 알리지도 못한 채
남편 복 없으면 자식 복도 없다더니
남편 잃고 큰아들 잃은 올케
작은아들까지 조부모님이 골 빠지게 한평생 이뤄놓은
시골 전답 집까지 노름으로 한숨에 날려 버렸다
머리고 심장이고 정상인 게 이상하지
60세도 안 돼 치매가 왔다
차라리 제정신보다 그게 나을까
요양원에서 7,8년 식물인간이 되어

밤낮으로 눈감고 이승인지 저승인지 모르다가
어느 날 저세상으로 가버렸다

아, 올케가 갈 때는 행복했을까
가는 줄이나 알기나 했을까

당신은 누구세요

이삼 일 있으면 언니의 제삿날이다
너무나 보고 싶고 그리워
눈물이 시야를 가리고 주책없이 주줄이 흐르네
수시로 서울로 안부전화하던 다정스런 언니
무뚝뚝한 오빠가 섭섭하고 그리워도
생각나는 나의 수호천사 언니
언니를 생각하면 한없이 작아지는 나는 막내
마트를 가려고 엘리베이터를 타고
무심코 거울을 보니 낯선 얼굴이 있다
당신은 누구세요
미처 염색도 못한 반백에 화장기 없는 얼굴의 이방인
루즈라도 바르면 난 줄 알았으려나
염색이라도 했으면 난 줄 알았으려나

항상 검은 염색으로 살다 보니
허상 속에 진실이 낯을 가리네

고향의 꿈

투명한 계곡물 속 예쁜 조약돌
밤하늘 은하수들이 별똥별 수놓은 길
오방색 꽃 피고 지는 그 길을 따라
나는 소녀가 되어 나비 따라 날아오른다
선악과善惡果가 없는 아담과 이브의 동산에서
순수한 사랑의 노래가 들린다
세상에서 내가 젤로 좋아한 울 아버지 함박웃음
우는지 웃는지 알 수 없는 표현 없는 울 엄마
그 사랑 깊은 정 가슴 시려오네
여름방학이면 내 집 드나들듯
빠지지 않고 놀러가던 시골 고향집
삼베적삼 바지저고리 큰엄마 큰아버지
호박잎 된장찌개
밀가루 콩가루 입혀 찐 부추 감자 반찬
참외서리 수박서리하며
물장구치며 놀던 저수지
그 시절 친구들이 그립다

내 사랑 아빠

나는 오남매의 막내딸
아버지가 제일 사랑한 딸이다
아빤 내가 해달라는 건 뭐든지 해줬지
1909년생 일제강점기를 걸친
우리 아빤 구식이다
딸은 출가외인이라 재산 하나 안 주고
장조카는 대를 건너 상속을 해줬지
내 나이 내년이면 칠십
세상에서 날 가장 사랑해주었고
내가 최고로 사랑한 우리 아빠

그거면 충분해
내 사랑 아빠니까

인향人香

살아온 세월 구비구비 굴곡지고
어두운 골짜기도 많았다

어둠이 깊으면 새벽이 더욱 밝아지듯
인향이 풍기는 사람이고 싶다

살아온 세월 고스란히 얼굴에 녹아있는
그런 사람이고 싶다

언제나 밝은 마음으로 그대로의 나를 사랑하며
사람냄새 나는 사람이고 싶다

참 괜찮은 여자

오늘은 주민센터 노래교실이 있는 날
실버들의 노랫소리가 리듬타고 흥겹다
70명 중에 남자 10명 그중에 부부가 두 집이다
여자들만 배우는 노래 교실에
간이 크고 얼굴 두꺼운 청일점 오빠들은 인기 짱이다
조건 없이 통칭 동네오빠다
나이 적은 오빠들 덕분에 가끔은 우렁찬 바리톤소리도 듣는다
금슬 좋은 부부의 합창도 정겹다
하루 한번은 들려주는 노래선생의 Y담에 폭소가 터진다
한평생 모신 95세 시어머니에 보수적인 남편
짓누르는 가정의 스트레스
나는 항상 수업 전에 와서 꼭 노래 한 곡 부르고
일주일의 스트레스를 한방에 나비처럼 날려버리고 재충전한다

자기 참 괜찮은 여자다 노래에 감정이 푸욱 실렸어
나 내년 칠순에 살다간 흔적이라도 남기게 시집 낸다, 언니
그래, 나도 괜찮은 여자인데 당신도 참 괜찮은 여자야
날 멋있다고 속삭여주는 동네 언니가 더 멋있어 보인다
고마워요, 사랑해요 언니!
이런 동네언니 열 명만 있으면 더 행복하겠다

내 고향 삼리동

뒷마루 문을 열면
드레드레한 청포도 송이송이 열리고
둔덕엔 텃밭엔 온갖 채소가 싱그러운
내 고향 아버지 고향 경북 삼리동
앞집 뒷집 옆집 모두가 일가친척인
광주이씨 집성촌
아카시아향기 짙은 산밑 소나무엔 버꾸기 울고
외양간에는 황소가 움메
돼지우리엔 땟국 낀 큰 돼지
닭장엔 아침마다 따뜻한 피 묻은 달걀 하나
토끼장엔 4마리 토끼가 오물오물 입도 안 벌리고 풀을 먹네
남향에 울타리 옆엔 냇가
정겨운 초가삼간 오밀조밀 그림같이 평화로운 집
방학 때마다 놀러가 참외서리 수박서리하고
밤이면 승호늪에 가서 멱 감고 놀던 곳
지금은 광역시로 편입된 도시
그동안 도시개발로 얼마나 변했을까
아직도 내 마음엔 황소 울음소리 들리는 곳
엄마 품 같이 그리운 내 고향 삼리동

엄마는 반 의사

내가 올해에 칠십이 되니 66세에 돌아가신
엄마보다 훨씬 많이 살았다

나는 초등학교 1,2학년 때 야맹증으로 밤눈이 어두워 밤에는 완전히 봉사로 살았다 정이 많은 엄마는 빗물 받는 드럼통에 쥐가 빠지면 그 많은 물을 다 버리고 물에 빠진 쥐를 살려 보냈다 밤이면 나는 앞이 캄캄 하나도 안 보여 두 팔은 벌리고 발로 더듬더듬거려도 걷기조차 힘들었다 코앞에 사람도 보이지 않았다 인정 많은 엄마는 모질게 맘먹고 쥐를 잡아 나를 먹였다 구운 쥐고기가 어떤 맛인지 기억도 없지만 쥐고기를 먹은 덕에 나는 밤눈이 나왔다

칠석날이면 절에도 안 다니시는 엄마는 부엌 소반에 정화수 한 그릇 떠놓고 두 손 싹싹 빌며 절을 한다 비나이이다 비나이다 칠성님께 비나이다 비나이다 비나이다 천지신명님께 비나이다 가족의 건강과 평안을 기원하며 빌고 또 빈다

동짓날 팥죽을 끓이면 제일 먼저 한 그릇 떠서 정지신에게 빌고 방방마다 잡귀를 쫓는다고 이 방 저 방 팥죽을 뿌려놓는다 우리 집에는 벽이고 창호지문이고 팥죽그림이 있다

내가 감기나 급체라도 하는 날엔 객구를 물린다고 박바가지에 물과 밥을 담아 부엌칼을 쥐고 "객구야…, 썩! 물렀거라!"하고 내 머리 정수리에 큰 무쇠식칼을 대었다가 칼을 문밖으로 집어던져 칼끝이 밖을 향하면, 객구밥을 밖으로 쏟아붓고 땅에 칼로 열십자를 긋고 바가지를 엎어 두었다가 이튿날 아침 칼과 바가지를 가지고 들어온다 잡귀가 다 물러갔다고 생각하고 체한 것도 거짓말 같이 낫는다

어떤 땐 체한 내 배를 검지와 장지로 명치끝에 닿도록 너무 아프게 문질러 주신다 "내 손이 약손이다." 그리고는 내 등을 두어 번 탁탁 두드리고 쓸어준 다음 크르륵크르륵 트림을 하신다 체한 사람은 나인데 엄마가 트림을 잘도 한다 그럼 난 벌써 체한 게 다 나았다 또 어떤 땐 바늘로 머리를 긁고 내 손끝을 딴다 그럼 아픈 것이 귀신같이 낫는다

개고기를 전혀 안 먹는 나를 소고기라고 속여 그렇게 고소해 맛있게 입맛 다시며 먹었는데 다 먹고 나면 개고기라 했다 엄마 덕에 내 평생 단 한번 개고기를 먹어봤다

그 시절 울 엄마는 반 의사이며 우리 집의 든든한 버팀목이었다

사랑하는 딸아

딸아
네가 세상에 태어날 때
엄마는 널 가슴에 품고 감격과 경이로움에 목이 메었단다
내 어머니의 사랑을 생각하며
주체할 수 없는 눈물이 베갯잇을 적시었어

너도 엄마 되어
네 사랑 네 딸에게 원 없이 베풀어라
엄마는 그저 외할머니에게 받은 사랑만으로 만족한다
사랑이란
그렇게 물이 아래로 흐르듯이 순리대로 흐른단다

저녁반찬

다 저녁때에 남편이
내 식사는 스스로 해결하라며 집을 나간다
요즘 너무나 달콤한 사과 맛이 그리워
장바구니를 들고 동네 슈퍼로 간다
올 가을 사과만큼 단 단감이 혀를 자극한다
낙지 고등어 더덕 장바구니를 가득 채운다
룸펜처럼 느린 걸음으로 집으로 오는 길
우리 아파트 옆 국수나무집 왕돈까스가 5,900원
포스터에 이끌린 발길이 자석처럼 가게로 들어선다
올망졸망 젊은 부부와 아롱다롱 아들딸의 외식 정겹다
"엄마, 입맛이 없어요? 이것도, 이것도 잡숴 봐요."
옆자리엔 출가한 딸과 친정엄마가 외식 중이다
갑자기 각시편만 드는 아들, 해외동포 말고
시집간 다정한 내 딸이 보고 싶어 눈물이 찔끔 난다
나를 길러준 엄마가 그립다
혼자 먹는 돈까스
뇌리를 스치는 단상들이 반찬이 된다

거울 속의 자화상

칠십 평생 살아온 기억 저편의 파편들
뼛속에 넘치고 흘러내린다
다 간직하지도 못할 사연들
하얗게 내리는 눈 속에 흔적도 없이 사라지고
차라리 망각이 행복한 축복이리라
그 긴 세월 어찌 이리 살아왔나 싶지만
마음은 순간을 냉동하였나 세월을 거꾸로 역행한다

병상의 구순 시모님은 봄인지 여름인지
밤인지 낮인지 구별도 못하고 하루를 자고 깬다
젊은이는 천 년을 살리라 허망한 꿈을 꾸고
아직도 백만장자를 꿈꾼다

내일이 오늘이 되고 어제가 되어
거울 속 자화상으로 각인된다

그 시절

고추냉이보다 맵고 추운 겨울 아침
동치미 사구 얼어 터지고
자고나면 양철지붕 처마에 수정처럼 늘어진
고드름 하나 따서 뽀드득뽀드득 씹는다
아득히 먼 60년이란 세월의 필름을 거꾸로 되돌리면
흑백영사기 돌아가는 소리 들린다
까까머리 단발머리 오빠 언니 조카
열 명도 넘는 대식구가 와글와글
가방도 없는 초딩시절 학교 가는 길
누른 코 찔찔 흘리며 언 손 호호 불며
보자기 책가방 둘러메고 버스도 없는 변두리길
추워서 앞서거니 뒤서거니 한 걸음에 달린다
저녁엔 화롯불 지피고 반딧불 같은 호롱불 밝히고
뜨끈뜨끈한 아랫목에 땟국 낀 이불 밑에서
고사리 손과 발들이 서로 밀고 당긴다

에구머니, 아부지 밥 뚜껑 열린다

꽃병 속의 한 송이 꽃

찬바람 부는 어느 가을날
아파트 담벼락 옆에서
내가 자동차 매연과 먼지 뒤집어쓰고 떨고 있는데
길 가는 아줌마가 나를 한 순간에 꺾어버렸다
나는 아줌마 손에 잡혀
아파트 식탁 위 꽃병 속에서
한 달은 족히 웃고 있었네

"어머, 어쩜 코스모스는 금방 시드는데
얘는 한 달을 생생하네"
내 몸의 진액을 혼신의 힘을 다해 버텼지만
오늘 아침 더 이상 기력이 없어
나도 모르게 할미꽃처럼 고개 떨구고
잎조차 물기 없이 말라 버렸다

"어머 얘는, 어제까지 생생하더니 갑자기 시들었네"
아줌마는 나를 꽃병에서 단숨에 뽑아 쓰레기통에 넣어버렸다
길가 담벼락에서 태어난 나는
아줌마네 식탁에서 한 달을 살고 생을 하직한다

하세월何歲月에

신년 초
보신각 종소리에 태어난 신생아는
무한한 미래가 보장돼 있고
동지섣달 그믐날 한 시간 전에 죽은 노인은
퇴색한 세월에 뒤안길로 사라진다 하드냐
우리는 모두 일방통행이지만
사람들은 말장난을 한다
너는 오고 나는 간다고
다가오는 미래는 서광이고
사라지는 미래는 사死의 찬미이더냐
사랑하는 나의 사람아
오늘 나는 오는가 가는가
장밋빛 인생이 아름다웠다면
가는 인생 오는 세월
그게 무엇이 대수더냐
나이가 예순이고 칠순이고
내 마음의 나이엔 주름이 없는데
너는 오고 나는 가는가
세월이야 오든 말든
나는 오늘 아침도 쌀을 씻는다

빈손

다람쥐 쳇바퀴 돌 듯
끝없는 원둘레를 돌며 멈출 수 없는 인생사

뜬구름 잡듯
허공으로 뻗친 내 손에 잡히는 게 무엇인가

빈 마음
빈손뿐이로세

잔다 깬다

잔다 깬다
오늘도 자고 깬다
자고 깨는 세월 속에
들썩거리는 키 속의 먼지처럼
세월은 그리 날아가 버린다
눈만 뜨면 오는 오늘을 마주하며
아침엔 산소 같은 향기 깊이 들숨으로 반기며
저녁은 날숨으로 불다가 놓친 풍선같이 아쉬워라
너와 내가 공존하는 새로운 오늘에 늘 감사한다

설혹 내일 맞이할 오늘이
신의 뜻으로 영원히 오지 않는다 할지라도
나는 잔다 고로 깬다

한 마리 새가 되어

나는 한 마리 새가 되어
넓은 파도 위를 스치듯 날고파
창공을 가르는 바람은
내 가슴에 아픔과 고뇌를 다 날려보내리
은빛 구름 위에서의 비상
환희의 노래가 나를 반기누나
나는 한 마리 새가 되어
꿈인 듯 생시인 듯 세상사 시름 잠시 접고

몽환의 아름다움에 젖어보리
망각의 시간 속에 자연과 벗하리

4부.
보랏빛 내일

사랑은 무슨 색깔일까

사랑은 라일락 향 그윽한 연보랏빛일까
핑크빛 수줍은 새댁의 빨간 연지색일까
하늘과 바다가 맞닿은 와이키키 해변
에메랄드 빛 하늘을 삼켜버린 그 바다
사랑하는 연인들이 거니는 지상에서
둘도 없이 짙푸른 물색일까
가없이 높은 이 가을하늘
지중해 바다를 닮은 하늘색일까
아니면 한여름 작열하는 태양 아래
자신을 불태우는 불꽃 같은 사르비아 색일까
알알이 터질 듯한 붉은 석류 색깔일거야
사랑은 끝없이 흘러 강이 되고
표현할 길 없는 무채색이 된다

사랑은 정녕 무슨 색깔일까
새하얀 도화지 위에
너와 내 사랑의 수채화를 그려보네

꿈이라면

빨강 노랑 파랑 하양 꿈
우유빛 하늘 위로 비단요 타고
무지개 길 따라 갈 수 만 있다면
칠석날 견우직녀 만나듯
우리도 오작교 위에서 서로 사랑할 수 있으리라

꿈이라면 나는 18세 아리따운 소녀가 되고
너는 백마 탄 왕자가 되어
반짝이는 바다와 파아란 하늘이 맞닿은 수평선에서
사랑의 찬가를 부르며
일렁이는 파도 위로 구름인양 날아가리라

세월에 바람처럼 밀려서
가버린 엄마 아빠 언니 오빠들
구름 속 대청마루에 옹기종기 모여 앉아
나는 너에게 너는 나에게
뜨거운 심장에 그리움을 말없이 전한다

행복하세요

그댄 행복하세요?
당신이 이리 질문하시면
어제가 가버린
오늘 쏟아지는 햇살에
청아한 이슬 머금은 나의 미소를
당신에게 보여드릴 텐데…

행복이란 가슴 속에서 충만합니다
카를 부세처럼 님 따라 가
눈물만 머금고 돌아오지 않으리
자고 나면 사라지는 어제에 연연하지 않고
당신을 볼 수 있는 지금이 최고의 행복입니다

행복은 바람 빠진 풍선처럼
어느 날 일장춘몽같이 소리 없이 사라지리라

사는 날까지 함께 할 당신이 있어
나는 오늘 행복합니다

파란 하늘

오늘같이 맑은 날이면
하늘 위를 거닐고 싶다
바짓가랑이를 둥둥 걷고
맨발로 걸으면 어떤 느낌일까
하얀 구름이 몽올몽올 사기공기를 엎어 놓은 듯한
그 길을 걸으면 발바닥이 아플까
파랑 물색 흐르는 도랑에서는 찬물에 발 담그고
긴 머리 풀어 시원하게 헹구어나 볼까나
인생살이 골치 아픈 일들일랑 모두 깨끗이 씻어
유수처럼 흘러 보내리
뽀송뽀송하고 솜사탕 같은 보드라운 뭉게구름 위에서는
내 사랑 당신과 무릉도원의 춤사위를 펼칠까나
둥둥 구름 위에 한 발씩 올려놓고는
학의 모습으로 신선을 흉내내어 볼까나

사랑의 스파클링

사랑이란 무지개 색 아롱지는
새벽이슬 같은 가슴 떨리는 감동이다
보지 않아도
마음 전해지는 뭉클한 영감
말하지 않아도
두근대는 심장의 소리가 점차 커져오는
숨길 수 없는 눈물이다
사랑이란 당신의 차가운 가슴에
지열처럼 심연深淵의 늪에서 지글거리는
나의 뜨거운 열정으로 일어나는 합선의 스파클링이다

아, 가을의 정점에서 꽃무릇처럼 곱게 물든 단풍
계곡물에 걸려 투명한 명경같이 출렁거리네
태양을 행해 자전하는 해바라기 같이
사랑의 에너지가 소멸할 때까지
바닷물이 하얀 소금이 되도록
널 사랑하고 싶다

나는 자정 넘어 고요한 밤이 좋다

굉음을 울리며
하늘과 땅을 흔들어놓던 태풍도 가고
한낮 뙤약볕에 그리 떠들썩하던 찜통 시장바닥
밤이 되니 인적도 흔적도 간 곳 없네
서풍에 뒤켠 대밭은
신들린 무녀의 신주처럼 흔들린다
사람의 소리가 사라진
모두가 잠든 밤
냉장고 소리가 윙윙대는 아파트
나는 자정 넘어 한적한 밤이 좋다
생각의 나래를 맘껏 펼치는
나만의 풀벌레 우는 밤
구속 없는 자유가
보이지도 않은 별천지를 유영한다

풍전등화風前燈火 같은 인생

아이야, 나도 이십 대엔
파릇파릇 새싹처럼 신선한 청춘이었단다
자고 나면 오는 세월이
지루하지도 않고 두렵지도 않았단다
아이야 오는 세월을 두려워해 보았느냐
너도 내 나이가 될 날 있으리라
아이야 너희에겐 십 년이 먼 훗날이지만
나에겐 십년이 왜 이리 빨리 지나가니
다시 한 번 십년이 오면
그땐 나 이승에 있을까
저승에 있을까
오늘을 산다는 게
바람 곁에 촛불 같아
내일을 알 수가 없네

무아이체無我二體

습한 기온 탓에 가슴에 진 응어리는
영혼의 바다 밑으로 가라앉고
누군가 창밖에서 부르지 않으면
온종일 코트 빠진 노트북처럼 무아이체가 되어 간다
너는 너 나는 나
전원이 연결된 하드워어에
어제 죽은 자의 노랫소리가 들린다
내일도 들을 수 있는
사실은 혼이 빠진 망자의 소리

집 밖을 잘못 나온 우렁이 한 마리
길을 잃고 헤맨다

인간人間 울음 이화二話1)

1. 약藥
희끄므리한 버섯 같이 그늘 진 얼굴에
차라리 망가질 듯
하늘거리는 내일來日을 위하여

이제나 사으라질
저제나 사으라질
뿌리 없는 생명生命의 빛을 갈망渴望한다

2. 생명生命
석가모니의 미소微笑를 모방模放하며
심흉心胸 가득히 터져버린 지옥地獄

어찌, 아니 미칠 수 있으랴!
어찌, 아니 통곡痛哭할 수 있으랴

애잔한 두견杜鵑의 울음이
새라서 나보다는 덜 했었다
체념諦念이 회回를 거듭할수록

1) 대학 1학년 때 학보에 게재한 詩

무섭게 솟아나는 삶의 의욕意慾

어디 신神이 존재存在하느냐
아니, 어디, 신의 위력威力이 있느냐

약藥을 먹기 전에
나는 약 맛을 알고 있다

그대가 신神이라면

처절悽絶하도록 生의 가치價值를 알고 있는
인간人間의 생명生命을 연장延長하라

백 년 전에도 이백 년 전에도

가끔 떠오르는 영감靈感이
수백 년 전 선조들의 시나 시조에서
혹은 유행가 가사에서 마주칠 때 전율戰慄한다

나야 이제야 새삼 느낀 시상을
시공을 초월하여 백 년 전에도 이백 년 전에도
선조들도 같은 생각을 했다는 게
새로운 충격으로 가슴 속에 파도친다

아, 세월은 나이테처럼
덕지덕지 덧 눌려 천근만근이로다

사람들은 괜스레 새봄이 왔노라고
망각忘却의 호들갑을 떤다

양날의 칼

침묵이란 근본적으로 온순하여 인내할 수 있고
더 큰 화를 방지하기 위해
아니면 황당해서 말문이 막히거나
공포 속에서 옴짝달싹도 못할 때 일 수도 있다
참고 인내하여 좋은 날 올 수도 있지만
참는다고 반드시 영광이 오지는 않는다
침묵이란 양날의 칼이며
결코 유쾌한 일은 아니다
당신은 이유 여하를 떠나
침묵할 수 있겠는가

보랏빛 내일

오늘 멍 때리는 일이 있어도
파란 하늘 보며 꿈꿀 수 있는
보랏빛 내일이 있어 좋다

엄습해오는 고뇌가 밀려와도
봄이면 꽃 피울 꽃씨를 심으며
편안히 쉴 수 있는 내일이 있어 좋다

내일 지구가 멸망해도
오늘 사과나무를 심겠다는 스피노자처럼
다가오는 새해의 조그만 계획을 짠다

모든 가능성이 열려 있는
희망을 꿈꿀 수 있는 내일이 있어
오늘이 진정 행복하다

우울한 날

혼돈의 미로 속에서 흐린 영혼을 잠재우고
쇠심줄같이 질긴 두레박을 수심 깊이 내려
오염되지 않은 내 마음 깊은 옹달샘에서
정화수 한 두레박을 퍼올린다

캄캄한 골방 속에서 아쉬워 기도하며
하느님을 찾는다면 염치도 없지
맘이 우울한 날 엉켜버린 고장난 영혼을 깨워
한 점 미동의 흔들림 없는
영혼의 맑은 샘물을 퍼올린다

끈 떨어진 무인도에서
詩 한 조각 깔고 누워 안식을 취한다

세느 강변에서

파리의 젖줄이며 도심을 관통하는 꿈과 낭만의 강
수많은 시인들의 영혼이 깃든 세느 강변에서
위고, 콩드, 폴 베르렌느 옛 시인의
정신적 시향이 물씬 풍기는 파리 세느강
별보다 반짝이는 네온사인의 아름다운 밤
유람선을 타고 파리 시내를 강물 따라 흘러간다
아, 내가 어제 그 높은 철탑을 엘리베이터 타고 갔었지
수려한 강변 경관과 도심의 반짝이는 빌딩 숲의 조화
뉴욕 거대한 자유의 여신상의 엄마인
키 작은 파리의 자유의 여신상이 저만치 서서 횃불로 반겨주네
파노라마처럼 펼쳐지는 파리의 추억들

고대건축 양식의 루브르 박물관, 아름다운 베르사이유 궁전, 승전보를 울리며 통과한 개선문, 몽마르트르 언덕의 이름 없는 화가들, 영화 노트르담 곱추의 대성당, 콰지모드와 에스메랄다, 빨간 풍차의 물랭루즈 극장, 현대와 과거의 건축물이 곱게 공존하는 미술과 패션의 도시 쌍제리제 거리 노상테이블에서 에스페레소 한 잔 느리게 음미한다

달팽이요리의 참맛 느껴보고 푸아그라 요리도 먹어보고
아름다운 프랑스어 비음의 매력적인 샹송의 음률에 취한다

세느 강변에서 폴 베르렌느 詩 「하늘 지붕 위로」를
자신에게 되새김질해본다

와이키키 해변에서

하와이 호놀룰루 국제공항에 우리는 해거름에 도착했다
낯선 이국 하와이 호텔 숙소에 남편은 바로 꿈나라로 행했다
관광일정은 내일부터고
어스름 해가 중천에 걸려 있어 자기엔 아쉬움이 남는다
혼자 영어로 길을 물어가며 낯선 이국의 거리를 지나
동서남북을 구별 못해도 와이키키 해변에 도착했다
노을진 석양에 은사금사 반짝이고
비취빛 눈부신 바다 위에 파도 따라 갈매기가 군무를 펼친다
바다 수평선 위 붉은 해는 마지막 남은 열기로
초저녁 바다를 파랑과 주황으로 반죽하고 있다
제법 파도치는 바다 위에 서핑
파도타기하는 구릿빛 남자가 멋지다
내일은 로맨틱 아일랜드 마우이산으로 간다고 했다
여기까지 왔는데 지상에 마지막 남은 청정 해변
와이키키해변을 안 가볼 수 있냐
바닷물에 몸이라도 담가봐야지
겉으로 잔잔해 보이지만 막상 들어가니
파도가 억세게 요동쳐 중심 잡기가 힘들어
나는 방파제 붙잡고 늘어졌다
파도는 나를 저 멀리 심해로 한 순간에 날려 버릴 것 같다

백사장 위 곳곳에는 여가를 즐기는
쌍쌍의 젊은 연인과 가족 무리들
푸르다 못해 붉어버린 낙조 아래
해변 앞엔 현대식 고층 건물들과 번잡한 차도
그 옆 남국의 와이키키 해변가로 야자수 나무가
도심을 방파막이로 차단해 이국의 정취를 물씬 풍긴다

아, 베네치아

아, 베네치아
셰익스피어의 소설 「베니스의 상인」을 읽고
지중해 아드리해 끝자락에서 바다로 이어지는 석호 위에 지어진
나폴레옹이 감탄한 신비한 산마르코 광장에 선다
이태리 로마, 수많은 예술가의 고향
피렌체의 상징 두오모 성당의 오색 대리석 조각들
판테온 신전 웅장한 콜로세움
젊은 연인들의 트레비 분수
다시 오고 싶어 동전도 어깨 너머 던져본다
화산으로 묻힌 영혼이 도시 폼페이까지
아, 베네치아! 얼마나 오고 싶었던 물의 도시인가

산마르코 성당의 종탑에 올라 내려다 본 'ㄷ'자 모양의
선인들의 예지가 빛나는 고대건축 양식의 광장
바다 건너 산 조르조 마조레 섬과 교회 종탑
물 위 도시에서 또 하나의 사람이 사는 섬을 보는 벅찬 감동
산마르코 광장 노천카페에서
나 혼자 비싼 에스프레소 한 잔 시켜놓고
멋쟁이 악사가 합주하는 베르디의 봄의 왈츠를 듣는다
낮에는 쪽배 같은 검은 곤돌라를 타고

좁은 골목골목을 누비는데
뱃사공 청년이 칸초네를 노래한다

남편도 이국의 정취에 흥겨워 '체벨라 코사 나올나트 소레…'
유명한 테너가수처럼 '오 솔레미오'를 이테리어로 열창한다
밤바다 수상버스를 타고 베네치아 섬을 한 바퀴 돌아본다
짠 바다 바람이 머리카락을 휘날리며
탄식의 다리를 지나
운하의 레알토 다리 아래를 지나간다
그 옛날 지은 건물들이 불빛에 환상적이다
또 오고 싶은 물의 도시다

압사라 선녀가 춤추는 앙코르 왓트

세계 최대의 석조 건축물
캄보디아 앙코르와트 사원이다
연못 위 헤자테라스 다리를 건너
인간계에서 신의 세계로
앙코르 와트 사원으로
수천 년 전 왕과 신만이 지나는 다리를 건너갔다
그 외 사람들은 그냥 물속으로 건너 다녔다니…
이렇게 사원 전체가 조각된 아름다운 석조건물을
생전에 보고 난 후의 경이로움에 전율이 흐른다
벽마다 곳곳에 조각된 춤추는 압사라 천상의 선녀들
앙코르와트 외각 둘러 싼 해 자는 바다
성벽은 히말리아 산맥을 높이 솟은 사원은 수미산
75도 가파르게 경사진 중앙탑
신과 왕의 천상계
나 비록 인간이지만
엄금엉금 기다시피 올라가보니 천국이 따로 없네
6,000여 병마를 만들어 넣어 영원불멸을 꿈꾼
진시황릉 지하궁전은 36년 걸리고
앙코르왕조 수라야바로만 왕은 30년 걸려
천국의 장례장 사원을 완공했다네

수십만 명의 국민들이 죽고 부상했지만
다음 왕조에 멸망할 줄 모르고 천상계를 꿈꾼 어리석음
허나 수천 년 지나 후손들에게
관광자원으로마 나라를 부하게 하니
역사는 아이러니다

<시조>

정물화

수년 동안 거실 벽을 장식한 정물화가
오늘따라 정겹게 내 맘을 두드린다
한 점의 그림보다는 한 사람의 생이로다

표정 없이 밋밋한 벽에 걸린 옥색 상보
기나긴 탁자 위엔 전문가의 구도인가
화가가 챙겨놓은 듯 연적 하나 조요照耀롭다

모과 넷 석류 네 개 마늘 넷 얹혀 있어
색색을 맞추어서 식욕을 자극한다
벅맘색 대바구니엔 사색 국화 가을 섞어 남고

녹이 슨 유기촛대 청자 백자 항아리는
나란히 동무같이 지난 세월을 얘기하며
박제된 우리네 인생 이름 석 자 새기네

<시조>

명사십리 선유팔경

고군산군도 산수화 여덟 폭 병풍 펼쳐
휘영청 달이 뜨면 두 신선 바둑 두고
선녀가 내려와서는 혼절한 절경이라

단양팔경 대수냐 선유 팔경 비유하랴
짚 초분에 이삼 년 육탈 후 봉분장례
장자도 할배 할매들 돌이 되어 저승인가

무당도 상 차리고 무녀 옷에 장삼 걸쳐
모래톱 나려 앉은 기러기 명사십리
세계에 제일인 풍광 선유낙조 황홀쿠나

<시조>

십리화랑 장가계

장가계 천하비경 십리화랑 절경일세
운무 속 무릉도원 산신령 호랑이이야기
꿈인가 황홀하구나 토족처녀 노랫소리

수천 년 풍화작용 깎여나간 절경 보소
신비한 자연경관 에펠탑이 따로 없다
천문동 구십구 계단 하늘문 구름 위 둥둥

〈시조〉

천하절경 하롱베이

명승지 하롱베이 나라 구한 용왕님
보석을 뿜어내어 오랑캐 물리쳐서
비취빛 바다 위에는 기암괴석 솟았네

섬이 돼 나라구한 운무 속 삼천 개 섬
그린 색 에메랄드 바다 위 키스바위
신비한 하롱베이는 세계의 자연유산

작품해설
이데아를 형성하고 그곳으로 출근하는 여자

김순진(문학평론가 · 고려대 평생교육원 교수)

이데아를 형성하고 그곳으로 출근하는 여자

김순진(문학평론가 · 고려대 평생교육원 교수)

인터넷에서 우연히 이태순 선생을 만났다. 그녀는 지인의 소개로 우리 카페인 한국스토리문인협회에 가입했다. 그러더니 날마다 시를 쓰고 아예 우리 카페에 주인처럼 둥지를 틀고 들어앉았다. 이태순 선생은 한국스토리문인협회 시 게시판에 등단을 목표로 열심히 글을 올렸다. 나는 연세가 연만하시고 해서 시조를 쓰시는 것이 어떨까 하는 마음으로 시조쓰기를 추천했다. 내 예상은 어느 정도 들어맞는 듯 했다. 약간의 시조형식을 가르쳐 드린 후 이대순 선생은 시조를 아주 잘 써내셨다. 그러나 그녀가 쓰고 싶은 것은 시조가 아니라 시였다. 그러기를 몇 개월 후, 그녀는 문득 시집을 내고 싶다는 말과 함께 메일로 200여 편의 원고뭉치를 보내오셨다. 나는 반신반의했다. 체계적으로 배우지 않고 쓴 사람들의 시라는 것이 자화자찬, 음풍농월, 그리움타령에 지나지 않다는 것을 잘 알고 있었기 때문이다. 그런데 보내온 시들을 면밀히 관찰하는 과정에서 나는 깜짝 놀라고 말았다. 그녀가 보내온 시들은 하나 같이 재미요소를 지니고 있고, 시적 장치가 들어있어서 하나도 시가 안 되는 것이 없었다. 바꾸어 말하자면 모두 훌륭한 시였던 것이다. 그래서 나는 이태순 시인에게 시와 시조를 병행해서

쓰실 것을 주문하면서 등단을 추천해드렸다. 그럼 이쯤해서 시 몇 수를 읽으면서 그녀의 시세계를 여행해보자.

밥을 짓는다
오늘도 나는 눈만 뜨면 밥을 짓는다
물 반, 쌀 반으로 밥을 짓는다
내 몸이 온통 물 반, 살 반 이듯이
인생의 1/3은 친정엄마가 해준 밥
그 다음 엄마 며느리 올케 밥으로
손끝에 물 하나 안 묻히고 시집와
식모라고 있었지만 시집살이 어디 그리 만만 하랴
물 반 쌀 반이면 될 것을
가늠 못 한 밥물 땜시
고두밥 된밥 진밥 죽밥 종류대로 다해 봤네
시집와 40년 동안 시어른 내 새끼 조석으로 하다 보니
도사 아닌 밥 도사가 되었구나
어느덧 나도 시엄니 되어
배꽃처럼 예쁜 새아가에게 물 반 쌀 반 하랬더니
어쩜 그리 영특도 하지
밥물도 딱, 간도 딱
갈비찜, 잡채 레시피대로 딱이로구나

－「밥을 지으며」 전문

여자로 태어나 밥을 한다는 일은 어쩌면 당연한 듯 보이지만, 나는 가끔 얼마나 지겨울까 싶은 생각이 들기도 한다. 그래서 나는 집에서 자주 밥을 짓는다. 직장생활을 하는 아내를 위해 밥을

짓기도 하지만 밥 짓는 일이 재미있어서 짓기도 한다. 내가 만든 반찬이 맛있다고 잘 먹는 아이들을 보면 행복해지기 때문이다. <죽은 시인의 사회>라는 영화가 있다. 그 영화에 나오는 남녀, 두 주인공은 대학시절 교내 커플이었다. 그런데 졸업을 하고 나니 여자의 아버지는 남자가 가난한 가정의 출신이라면서 결혼을 반대하고 부잣집 남자와 중매를 하여 결혼식을 거행한다. 주례사가 여러 하객 앞에서 신랑신부에게 묻는다. “검은 머리 파뿌리 되도록 사랑하겠습니까? 신랑?” 남자는 우렁차게 대답을 한다. “넵!” 그리고 신부가 대답할 차례다. 그때 출입구 쪽에서 큰 소리가 난다. “잠깐만이요!” 그러고는 대학 때 남자친구가 결혼식 중이던 신부의 손을 끌고 마구 도망친다. 그리고 둘은 마침내 결혼을 해서 중년이 될 때까지 아주 행복하게 산다. 남편은 승승장구하고 아이도 둘 낳고, 근사한 집도 사고 무엇 하나 부러울 게 없을 정도로 산다. 그런데 마흔살이 넘은 여자 주인공이 가만히 생각해보니, 내가 집에서 밥이나 하려고 대학을 다닌 것은 아닌 것 같다. 그래서 수차례에 걸쳐서 남편한데 일을 하겠노라고 말한다. 그런데 남편은 화를 버럭버럭 내면서 반대를 한다. 내가 돈을 잘 버는데 당신은 먹고 놀면서 아이들이나 보살피고 밥이나 잘 하면 되지 무슨 일이 필요하냐는 말이다. 결국 여자는 법원에 이혼을 신청한다. 그녀는 평생 밥이나 하려고 태어난 것은 아니었던 것이다. 한국남자들은 유난히도 여지들에게 밥 짓는 것을 강요한다. 그러나 나는 반대다. 누구나 한 번 태어난 인생이고 누구나 자신의 인생을 자신의 마음대로 살 자유가 있는 것이다. 그것이 엄마라는 이름으로 아내라는 이름으로 호도되어 평생 솥

뚜껑운전사 노릇만 해서는 안 된다는 것이 내 생각이다. 그런 점에서 이태순 시인은 솥뚜껑운전사에서 시인으로 전업을 하신 것이다. 얼마 받느냐 얼마 버느냐는 중요치 않다. 지금 내가 하고 있는 이 일이 행복한가가 보상의 관건이다. 평생 밥을 해왔고 며늘아기한테 밥짓기를 전수하고 있는 모습은 참으로 아름답다. 그러나 그런 마음을 시로 쓸 수 있는 능력을 지닌 시인은 더욱 아름다운 것이다.

바람도 선선한 날 오후였네
이웃 아파트에 칠일장이 섰나 하고
느린 걸음으로 산책하러 갔네
요일을 잘못 짚어 허탕을 쳤네
맥문동 보라꽃이 흐드러지게 핀 화단에
죽은 고목이 상이용사처럼 잘린 팔다리로 우뚝 서 있네
아, 능소화 줄기가 초록빛 생기를 띠고
죽은 나무 꼭대기까지 친친 감으며 주황색 붉은 꽃을 피웠네
죽은 자들이 이루어 놓은 문명의 이기利器들을
코카콜라 빨대처럼 달콤하게 빨던 신세대
이제금 생각하니 가슴에서 뜨거운 불덩어리가 코로 밀려오네
집에 오는 길에 널려져 있는 물상物像들
얼마나 더 오래 전의 조상으로부터
선조들은 갈고 닦아 빛나는 오늘을 이루었니
능소화 덩굴처럼 죽은 나무에 꽃을 피우기 위해
죽으면 썩어질 손과 발이 무엇이 아까우랴

- 「죽은 나무에 사는 나무」 전문

시인의 말처럼 능소화가 죽은 나무를 타고 오른다. 게다가 짙은 주황색 아름다운 꽃을 피워낸다. 우리가 학교에서 배울 때 세상의 모든 만물을 생물과 무생물로 나누었다. 돌, 책, 책상, 의자, 쇠 등은 무생물이고 새, 물고기, 벌레, 식물, 해조류, 동물 등은 생물이었다. 그런데 시인의 눈에는 생물과 무생물로 구분되지 않는다. 이 세상 모든 것은 생물이다. 바위가 천길 땅 속에 박혀 있어도 그것은 생물이다. 왜냐하면 그 깊은 땅속에 살고 있는 바위가 단단함을 견뎌주기 때문에 땅이 꺼지지 않는 것이다. 의자가 부서지지 않았을 때는 의자로 살아간다. 그런데 의자가 삐거덕거리다가 부서지면 의자는 여러 가지 삶으로 살아갈 수 있다. 이를 테면 긴 다리는 할머니의 지팡이가 될 수 있으며 의자의 깔판은 방석이 된다. 그리고 짧은 다리는 고춧대의 지지대로 쓰일 수 있고, 의자에서 빠져나온 못은 또다시 다른 가구에 박히거나 고철로 모아지면 새로운 형태의 철근이나 가위가 될 수 있는 것이다. 이태순 시인이 말하는 "죽은 나무에 사는 나무"는 결국 같은 의미이다. 죽은 나무는 이제 더 이상 죽지 않고 살 수 있고, 사는 나무는 이제 곧 죽을 날을 기다린다는 의미도 될 수 있다. 그러니 능소화가 살고 있는 죽은 나무는 결국 죽은 나무가 아니라 생장을 멈춘 나무일뿐이다. 생장을 계속하는 나무에는 꽃이 피거나 열매가 맺지만 생장을 멈춘 나무는 꽃을 업어주거나 안아줄 수 있는 따스한 가슴이 남아 있으니 결코 죽은 나무라고 말할 수 없다. 그러니 이태순 시인은 죽은 나무가 마치 우리를 낳고 길러서 이 자리에 오게끔 한 선조들처럼 생각되는 것이다. 그래서 돌이켜보면 자신이 하는 일, 즉 자식들을 길러서 세상에 내놓고 이제 얼마 있으면 능소화를 기르는 죽은 나무가 될 것 같음에도 슬퍼하지 않는다. 한번 태어난 나무는 결코 죽지 않는다. 가령 불에 태워졌다고 해도 그 나무는 거름이 되어 곡식이나 채소로 다시 살아가는 것이니 필자는 이 세상에 죽은 것은 아무것도 없음에 주목한다.

경북 달성군 논공면 삼리동 87번지
이것이 나의 본적이며 내 고향집이다
로드뷰를 클릭해 내 고향 주소를 검색한다
김장철이라 마당 한가운데 절인 배추가 한 광주리 클로즈업된다
배추 옆에는 돌아가신 둘째오빠가 생시인 듯 걸상에 앉아서
앞산을 보는 옆모습이 가슴을 아리게 한다
한낮 꿈속의 로드뷰처럼 이승과 저승을 오갈 수 있다면
아버지를 한 번 더 보고 싶네
시골 오빠가 그리워 눈물나네
부서진 늑골 가득히 골육의 그리움은
진한 핏빛 강물 되어 흐르네
로드뷰를 클릭하듯
저승의 골육들을 맘대로 볼 수 있다면

- 「로드뷰처럼」

이태순 시인은 연세에 비해 또래의 어른들보다 컴퓨터를 매우 잘하시는 편이다. 그러니 가고 싶은 곳, 알고 싶은 지식, 보고 싶은 사진 등을 마음대로 검색해본다. 하루는 이태순 시인이 로드뷰를 클릭해 자기가 태어나고 자란 고향집 "경북 달성군 논공면

삼리동 87번지"를 검색한다. 그런데 로드뷰에 나오는 그곳은 김장철에 찍힌 사진이 나왔나 보다. "마당 한가운데 절인 배추가 한 광주리 클로즈업"되고 "배추 옆에는 돌아가신 둘째오빠가 생시인 듯 걸상에 앉아서 / 앞산을 보는 옆모습이" 보인다. 시인의 말처럼 정말 가슴을 아리게 한다. 최근 아버지 고향이 함흥인 한 지인에게서 "인공위성 사진으로 보니 아버지 어머니 사시던 집이 그대로 있고 누가 살고 있는 것 같다."는 말을 전해 들었다. 이에 "아마도 북한은 주택사정이 열악하여 그 집이 부서지지 않는 한 누가 살고 있을 거라."고 나는 맞장구쳤다. 로드뷰에서 고향집 마당 절인 배추 옆에 앉아계신 둘째오빠를 보고 난 이태순 시인은 "한낮 꿈속의 로드뷰처럼 이승과 저승을 오갈 수 있다면"하고 가정한다. 아무도 그렇게 할 수 없다. 이승과 저승을 오갈 수 있는 사람은 저승사자밖에 없을 것 같다. 그런데 시인은 그렇게 할 수 있다. 원로시인인 함동선 시인은 16세의 어린 나이로 형님과 함께 해주에서 배를 타고 피난을 나왔다. 당시 어머니께서는 부적을 바지춤에 꿰매주시며 "잠깐일 게다. 먼저 나가 있거라. 곧 따라 나가마!"라고 말씀하셨고 그것이 영영 이별이 되었다. 젊은 시절의 함동선 시인은 너무나 외로웠다. 눈을 감으면 어머니가 그립고 고향이 그리웠다. 그런 마음으로 살던 함동선은 마침내 시인이 되었다. 그리고 마음속에 고향집을 지어놓고 날마다 드나들었다. 함동선 시인에게 단 하루도 어머니를 만나지 못하는 날은 없었다. 고향집 앞마당가엔 해바라기가 피고 시인은 "날마다 해주 해안으로 놀러다녔다."고 한다. 일반인들에게 한 번 돌아가신 아버지와 둘째 오빠를 만날 기회가 없지만 시인이 시 속에 써 놓으면 그 아버지와 둘째 오빠는 영원히 시집 속에 살고 계셔서 이태순 시인 자신뿐만이 아니라 시집을 읽는 모든 사람들이 이태순 시인의 아버지와 둘째오빠를 만날 수 있는 것이다. 그러니 시가 얼마나 위대한가?

한여름 수많은 일벌들의 노동을 마신다
그렇게도 많은 꽃들 사이로 헤집고 다닌
너의 날개를 마신다
세상에 태어나 모래알보다 많은 사람 중에
너와 내가 만남이 필연인지 우연인지
같은 둥지에 살면서도 가슴 떨리고
새벽녘 꿈결에 피어오르는 물안개처럼
한낮에 끓어오르는 아지랑이 같이 사랑한 그대
신을 사랑하는 마음으로 그대를 사랑한다
인생 최고의 정점에서 그대를 사랑한다
여름정원은 우리들을 위한 축제의 한마당이다
벌들의 행진에 꽃들의 찬가가 울려퍼진다
옆에 있어도 그리움에 벅차오르던 그대여
아카펠라의 고점에서 당신을 향한 꽉 찬 벌통
수 천 년 변치 않는 꿀맛 같은 충만함으로
작열하는 태양의 모습을 마신다

- 「꿀물」 전문

시인이 꿀물을 한 잔 마시고 있다. 그 꿀물 속에는 "수많은 일벌들의 노동"이 녹아들어있다. "그렇게도 많은 꽃들 사이로 헤집고 다닌" 날개의 수고가 들어있다. 그런데 시인의 눈은 참으로 특별하다. 보통 사람 같으면 꿀물 속에 들어있는 꽃들의 향기를 마신다고 할 것 같다. 그런데 시인은 꿀이 생성되는 과정 속에서 수고한 꿀벌들의 수천만 번의 날갯짓과 그 날개로 날아간 아름다운 비행거리를 마신다. 꿀벌들의 수고를 마신다. 꿀벌들이 날아다니는 꽃과 꽃의 그 향기로운 간격을 마신다. 시인만이 느낄 수 있는 꿀맛이다. 벌이 꽃으로부터 꿀을 채취하여 벌통으로 돌아오면 일벌들은 다른 어린 가족들과 여왕벌, 보초벌들을 먹이려고 벌들은 자신의 뱃속에 들어있는 꿀들을 남김 없기 게워낸다. 일벌들은 보통 만화에서나 보는 것처럼 꿀자루를 어깨에 메고 다니는 게 아니다. 날갯죽지가 아프도록 날아다니며 배가 터지도록 꿀을 따다가 모조리 게워놓고 주린 배로 또다시 일을 나가는 것이다. 어릴 적, 어머니께서는 집에서 기른 닭을 삶아서 우리 앞에 내놓으셨다. 그리고 닭발의 전강이 뼈를 이빨로 깨뜨리고 그 안에 들어있는 빨간 피의 응고를 고소하다며 젓가락으로 파내 잡수시던 것을 본 기억이 생생하다. 그 사이 우리들은 서로 가슴팍살을 뜯어먹으려고 애썼고 어머니는 살점 한 점 드시지 못하고 국물이 밥을 말아 드시며 맛있다고 하시던 기억이 난다. 자반고등어를 구워도 대가리와 뼈를 다시 바짝 구워서 맛있다고 드시며 우리에게 살을 발라 먹이시던 어머니가 생각난다. 이태순 시인을 비롯하여 이 세상의 모든 어머니들은 우리에게 닭의 전강이뼈와 고등어뼈만 먹는 사랑을 베풀어주시기에 우리들이 만큼 성장한다. 아마도 이 세상 모든 어머니들이 꿀을 따다가 모두 게워놓고 도로 꿀을 따러 나가시는 꿀벌이 아닐까.

나는 네가 꽃인 줄 몰랐어
크지도 않고 더구나 예쁘지도
눈에 띄는 색도 아니라서
나는 네가 꽃인 줄 몰랐어

오월 내 생일 달에
척박한 땅 잡초 우거진 곳에 뿌리를 내리며
보일 듯 말듯 안개꽃처럼
흐드러지게 들판을 수놓았지만
나 칠십 평생 동안 정녕
네가 꽃인 줄 미처 몰랐어
세상에 모래알보다 개미보다
많고 많은 미물 중에
나라고 누군가의 눈에 띄었겠느냐
내가 누군가에게 사랑받는 소중한 사람이고 싶듯이
넌들 어찌 예쁨 받고 싶지 않겠느냐
꽃 같지도 않은 개망초야
민들레보다 질긴 생명력으로
세상에 평범한 흔적을 남기며 치열하게
삶을 가꾸며 사는 너랑 나랑은 둘 다 꽃이야

- 「개망초에게」 전문

밭농사를 짓는 개망초는 정말 미운 식물이다. 농부가 조금만 게으르면 쏟아져 나온다. 15살 적 8월에 어머니가 돌아가시고 밭을 보니 콩을 심었던 밭이 콩은 보이지 않고 개망초꽃만 하얗게 피었던 기억이 난다. 그래서 나는 "울 엄니 몸져누운 텃밭에 / 시름이 거름인지 // 웬수 같은 개망초꽃 / 흐드러지게 피었네 // 꽃따기 놀이 / 가위 바위 보 // 허기진 아이들 / 보리개떡 먹으러 간다 // 울 엄니 목숨 거두니 / 개망초꽃 지네 // 어린 상제 지팡이처럼 / 애처롭게 선 개망초 대공들 // 아직 텃밭은 아이들처럼 / 엄마 손이 필요한데"라는 졸시「개망초꽃」을 지었다. 어머니가 몸져누우시자 밭은 개망초로 점령당했다. 그리고 어머니가 돌아가시고 장사를 지내고 오니까 밭에는 개망초꽃이 벌써 지고 마른 대공만 남았다. 시인의 말처럼 개망초는 꽃인 줄도 모르고 평생을 마감한다. 우리 어머니가 그러셨고 이태순 시인이 개망초꽃처럼 대접받지 못하고 살아왔다. 시인은 그런 개망초와 자신의 삶을 비유하면서 "세상에 평범한 흔적을 남기며 치열하게 / 삶을 가꾸며 사는" 개망초와 자신을 "둘 다 꽃이야"라고 자신있게 말한다. 꽃이 화려할 필요는 없다. 아무리 장미가 아름답다고 하더라도 안개꽃이 받쳐주지 않으면 아름답지 않다. 아무리 개망초꽃이 흔하더라도 한 아름 꺾어 화병에 꽂아 놓으면 훌륭한 분위기를 연출할 수 있다. 70평생 개망초가 꽃인 줄 몰랐다는 시인은 자신도 남의 눈에 띄지 않는 꽃인 걸 누가 알았느냐고 반문한다. 그렇게 엄마의, 여인의, 주부의 삶을 살아왔던 이태순 시인이 지난봄에 등단을 하면서, 그리고 이번 칠순을 계기로 시집을 내면서 스스로 꽃이 되기를 선언하는 것이다. 숲을 곧은 소나무로만 이루어지지 않는다. 잡목과 잡풀과 새소리와 물소리, 그 물속에 사는 가재와 물고기, 그리고 사람들의 발길까지 합쳐졌을 때 우리는 비로소 숲이라고 한다. 이제 개망초꽃이었다가 소나무였다가 박새였다가 비로소 마음의 숲을 이룬 이태순 시인께 박수를 보낸다.

꽃미남 20세 대학생 시골조카는
학점도 없는 대학을 농땡이 치며 다녔다
마음잡으라고 사준 트랙터를 타고
논두렁 밭두렁 누비며 착한 아들 된지 한 달만에
농로확장으로 푸석거리는 시골 길에서
무거운 트랙터가 뒤집혀 제 차에 깔려 죽었다
가슴에 한 맺혀 일중독이 돼 말을 상실한 오빠
49세에 한창 나이에 발가락 쪼끔 경운기에 찢어져
제 발로 병원에 걸어가 3일 만에 돌아가셨다
쇠독 파상풍균이 암보다 무섭구나
아들 죽은 지 1년 만에
노부모님 가슴 아플까 알리지도 못한 채
남편 복 없으면 자식 복도 없다더니
남편 잃고 큰아들 잃은 올케
작은아들까지 조부모님이 골 빠지게 한평생 이뤄놓은
시골 전답 집까지 노름으로 한숨에 날려 버렸다
머리고 심장이고 정상인 게 이상하지
60세도 안 돼 치매가 왔다
차라리 제정신보다 그게 나을까
요양원에서 7,8년 식물인간이 되어
밤낮으로 눈감고 이승인지 저승인지 모르다가
어느 날 저세상으로 가버렸다

아, 올케가 갈 때는 행복했을까
가는 줄이나 알기나 했을까

- 「슬픈 아리랑」 전문

정말 눈물 나는 이야기다. 어린 조카는 트랙터에 깔려 죽고, 남편은 쇠독 파상풍균에 오염돼 죽고, 졸지에 아들과 남편을 잃은 올케는 60살도 안 돼 치매가 와 요양병원에서 식물인간처럼 살다가 죽었다. 가슴이 아려서 글을 쓸 수가 없다. 죽어라 죽어라 한다더니 그 짝이다. 그것을 보는 이태순 시인의 마음은 어떠했을까? 펄펄 뛰어다니던 큰조카가 죽었을 때 그 마음은 찢어졌을 것이다. 그러다가 오빠가 죽었을 때 여동생의 마음은 어땠을까? 게다가 작은 조카는 할아버지가 평생 일궈놓은 전답을 노름으로 한 숨에 날려 보냈으니 그 마음이 썩어 뭉그러졌겠다. 그런 걸 봐온 올케언니는 급기야 치매로 쓰려져 8년 만에 죽었으니 그야말로 집안이 풍비박산이 나는 꼴을 시누인 이태순 시인이 지켜보고 있어야 했던 것이다. 아, 이럴 땐 하나님 부처님 옥황상제님을 찾고 싶을 게다. 일찍이 어머니를 여의었을 때 사람들은 모두 내게 와서 죽은 엄마만 불쌍하지 산 사람은 산다고 했다. 정말 죽은 엄마만 불상하고 나는 이렇게 잘 살고 있다. 그러나 산 사람에게는 책임이 있다. 죽은 가족을 애틋하게 기억하고 기려야할 책임 말이다. 이번에 나는 스토리문학의 메인스토리에 특집으로 나왔다. 거기에서 나는 어머니와 아버지, 새어머니와 큰아버지까지 모두 소개하였다. 그분들이 없었더라면 내가 여기까지 올 수 없었다는 말을 하고 싶었던 것이다. 보모님이나 형제, 특히 작은오빠의 가족이 없었더라면 이태순 시인의 심성이 시인의 경지까지 올라오지 못했다는 말을 하고 싶은 것이다.

수년 동안 거실 벽을 장식한 정물화가
오늘따라 정겹게 내 맘을 두드린다

한 점의 그림보다는 한 사람의 생이로다

표정 없이 밋밋한 벽에 걸린 옥색 상보
기나긴 탁자 위엔 전문가의 구도인가
화가가 챙겨놓은 듯 연적 하나 조요照耀롭다

모과 넷 석류 네 개 마늘 넷 얹혀 있어
색색을 맞추어서 식욕을 자극한다
먹밤색 대바구니엔 자색 국화 가을 꺾어 담고

녹이 슨 유기촛대 청자 백자 항아리는
나란히 동무같이 지난 세월을 얘기하며
박제된 우리네 인생 이름 석 자 새기네

- 「정물화」 전문

시인은 수년 동안 벽에 걸린 정물화 한 점을 오늘은 더욱 특별하고 그윽한 눈으로 바라보고 있다. 이태순 시인은 가만히 생각해보니 한 점의 그림이라기보다 한 사람의 생인 것처럼 느껴진다. 밋밋한 벽에는 옥색 상보가 걸려 있고 그 옆으로 기나긴 탁자 위에는 연적 하나가 올려져 있다. 그 탁자의 한 쪽에는 모과, 석류, 마늘 등이 얹혀 있고 먹밤색 대바구니에는 자색 국화가 한껏 가을을 뽐내고 있다. 그림은 한가롭게 살고 싶은 이태순 시인의 마음, 즉 이데아다. 그녀는 마음의 이데아를 형성하고 그곳으로 출근하는 여자다. 이태순 시인의 눈에는 그림 속에 들어있는 이러한 정물들이 박제된 우리네 인생 같은 생각이 든다. 나이가 들면 유기 촛대처럼 파랗게 녹이 슬고 청자 백자 항아리처럼 누가 무엇을 담아주지 않으면 무기력하게 입을 벌리고 있을 수밖에 없다. 바쁘게 살던 시절이 누구에게나 있다. 경제활동에 치중하다보면 자신의 감정이나 영혼의 치적은 할 수가 없다.

지금이 사실상 이태순 시인의 가장 왕성한 시기이다. 왜냐하면 이제 오롯하게 자신의 감정을 사르고 부추길 수 있는 시간이 주어졌기 때문이다. 따라서 노인들이 한가해졌다거나 할 일이 없어졌다는 데 대하여 결코 자신을 폄하할 필요가 없다. 그래서 평생 쓰고 싶었던 시를 쓰고 공부하러 다니고 시집을 출간하며 모처럼 자신의 이름을 앞세워 출판기념회를 할 수 있게 되는 것이다. 이런 행위는 결과적으로 우리들이 살아온 궁극적인 목적이었음으로 이제 시인이 되었다는 말은 사장이나 국회의원 장차관이 되었다는 말보다 기쁘게 들린다.

계간 <스토리문학>에 시인으로 등단하심과 더불어 첫 시집 『참, 괜찮은 여자』의 상재를 진심으로 축하드린다.

참 괜찮은 여자

초판인쇄일 2015년 6월 25일
초판발행일 2015년 6월 30일

지 은 이 : 이태순
발 행 인 : 김순진
편 집 장 : 전하라
디 자 인 : 김초롱
펴 낸 곳 : 문학공원
등 록 : 2004년 3월 9일 제6-706호
주 소 : (우편번호 130-814)서울 동대문구 난계로 26길 17호
삼우빌딩 C동 302호 스토리문학사
전 화 : 02-2234-1666
팩 스 : 02-2236-1666
홈페이지 : http://cafe.daum.net/yob51
이 메 일 : 4615562@hanmail.net

※ 책값은 뒤표지에 있습니다.
※ 저자와의 협의에 의해 인지는 생략합니다.

국립중앙도서관 출판예정도서목록(CIP)
참 괜찮은 여자 / 지은이: 이태순. -- 서울 : 문학공원, 2015
p. ; cm

ISBN 978-89-6577-143-2 03810 : ₩10000
한국 현대시[韓國現代詩]
811.7-KDC6
895.715-DDC23 CIP2015017191